NO PIERDAS LA ESPERANZA

Memorias de una madre durante el Holocausto

DORA REYM

NO PIERDAS LA ESPERANZA

Memorias de una madre durante el Holocausto

Edición de Mira Reym Binford

TIEMPO DE MEMORIA
TUSQUETS EDITORES

Título original: *No Stone Unturned: A Mother's Holocaust Memoir*

Traducido por: Adrián Chávez
Edición: Mira Reym Binford
Diseño de portada: Planeta Arte & Diseño / Raymundo Ríos Vázquez
Fotografía de portada: cortesía de Mira Reym Binford
Óleo sobre tela de Dora Reym reproducido en la solapa: cortesía de Mira Reym Binford

Bajo el sello editorial TUSQUETS M.R.
Avenida Presidente Masarik núm. 111,
Piso 2, Polanco V Sección, Miguel Hidalgo
C.P. 11560, Ciudad de México
www.planetadelibros.com.mx

Primera edición en formato epub: mayo de 2024
ISBN: 978-607-39-1340-9

Primera edición impresa en México: mayo de 2024
ISBN: 978-607-39-1336-2

Impreso en los talleres de Litográfica Ingramex, S.A. de C.V.
Centeno núm. 162-1, colonia Granjas Esmeralda, Ciudad de México
Impreso en México -*Printed and made in Mexico*

Índice

Prefacio

Mi tía Dora

Dora Reym fue sobrina de Clara Pajt, mi abuela paterna, cuyo hermano Abraham, padre de Dora, murió muy joven —en diciembre de 1915— víctima de una epidemia de tifo en Wyszków, la pequeña ciudad polaca donde nació. Dora estaba por cumplir un año de edad. Hannah, su madre, volvió a casarse y se mudó a Będzin, donde procreó cinco hijos que perecieron junto con ella en el Holocausto. Los únicos sobrevivientes fueron Dora y su esposo Mark Reym (de quien tomó el apellido) y Mira, la hija de ambos, nacida en 1938. *No pierdas la esperanza* es la bitácora de esa supervivencia de la cual Dora no fue sólo una protagonista: fue la heroína.

Aunque era una leyenda en la familia y visitó México en algún momento de los años cincuenta, mi primer recuerdo de ella es de 1963, cuando me alojó en su modesto departamento de Queens, en Nueva York. De esos días sólo retengo el callado horror que sentí al ver los números tatuados en su brazo y en el de Mark, su dulce y melancólico marido, cuyo rostro parecía cincelado por el dolor. El número de Dora en Auschwitz —nunca lo olvidé— era el 74733. Al contrario de Mark, Dora no era melancólica, pero tampoco, en ningún sentido, jovial. Sonreía lateralmente, pero no reía. Era una mujer de gran presencia, tez morena, profundos ojos negros y un trato amable pero nunca meloso, absolutamente ajeno a todo sentimentalismo. Me asombraba la inteligente articulación de su charla. Imaginé que en su inglés había elegantes reminiscencias del polaco —su idioma natal, más que el ídish, la lengua de su madre—. Aunque no era religiosa, se refería con orgullo a su abuelo materno, el rabino Jakub Orner que —según me dijo— descendía directamente del célebre talmudista medieval Rashi. De mis abuelos, en cambio, hablaba poco. Aunque nunca me lo confesó, supe por Mira que resentía el silencio ante sus cartas desesperadas cuando se acercaba la guerra, y quizá después. Tal vez por eso no volvió más a México. En ese entonces no pude explicarle, porque lo ignoraba, que para ese momento de los años treinta la inmigración de los judíos a México era ya imposible. Intenté mitigar vicariamente ese agravio con una devoción filial que duró hasta su muerte, en 2015.

A fines de 1974 leí de un tirón, estremecido, el primer borrador de este libro. Como sabía de sus reticencias, la alenté a seguir escribiendo y a dejar testimonio para nosotros, su familia de entonces, para las generaciones venideras y también para los otros, los que no tuvieron ni su valentía ni su fortaleza ni su suerte. Su libro les daría voz. Dora siguió escribiendo hasta completar su tarea, pero no paró ahí su rescate del pasado. Cuando años después la volví a ver, su nuevo departamento (a unos pasos de Washington Square) se había convertido en una pequeña galería —un altar, un retablo— donde colgaban óleos y dibujos con los rostros de cada uno de sus familiares sacrificados, pintados por ella a partir de viejos retratos o de su memoria.

Su vida entera fue un acto de salvamento. Como una leona defendió la vida de su hija y de su esposo. No dejó piedra por remover. A su hija le solía decir «Job Betujen», que en ídish significa «Ten confianza». Pero era mucho más que confianza lo que Dora anhelaba inspirar: una confianza espiritual y trascendente pero también terrenal y activa, que en español se traduce mejor así: «No pierdas la esperanza».

¿Cómo agradecer a Dora su legado de heroísmo? Un día, al recorrer el monumento conmemorativo al Holocausto en Wyszków, construido en forma de caracol ascendente en cuyas paredes se incrustaron las lápidas del cementerio que los nazis habían arrojado al río Bug, me topé por azar con la de Abraham Pajt, padre de Dora. Le llevé la fotografía. Sonrió. No derramó una lágrima. Tampoco la derramaría ahora, al ver publicado su libro, pero sonreiría porque lo vería como una más de las tantas batallas que libró, una ganada al mal y al olvido.

Enrique Krauze

Introducción

Cuando era niña, poco después del final de la guerra, solía escuchar a mis padres y a sus amigos (todos ellos sobrevivientes del Holocausto) contar sus historias. Eran historias de supervivencia y también de pérdida, compartidas entre refugiados judíos del pueblo alemán de Schwandorf, donde, luego de dejar nuestra natal Polonia, esperábamos con ansia encontrar una nueva tierra que se convirtiera en nuestro hogar.

Habíamos terminado ahí, en Schwandorf, un pueblito de Baviera que tenía una estación sobre las vías que atravesaban la frontera hacia la zona ocupada por Estados Unidos. En ese lugar, apenas acabó la Segunda Guerra Mundial, se formó con rapidez una comunidad judía, y hubo organizaciones para refugiados que ayudaron a mantenernos mientras esperábamos a que algún país más seguro, lejos de Europa, nos admitiera y nos permitiera comenzar una nueva vida.

Luego de cuatro años de escribir ansiosamente solicitudes y cartas, y de seguir aguardando en Schwandorf, recibimos por fin visas estadounidenses y nos pusimos en marcha hacia el Bronx, en la ciudad de Nueva York. Mientras tomábamos té en compañía de nuevos amigos, la mayoría de ellos también sobrevivientes de Polonia, las historias fluían una tras otra, llenas de dolor, de amargura, de asombro y a veces también de humor, y yo escuchaba en silencio porque a mí (que, a fin de cuentas, había sido «sólo una niña» durante la guerra) nadie me preguntaba por mis recuerdos.

Años después, cuando crecí, viajé y leí libros, le sugerí a mi madre escribir las historias de cómo nuestra familia había sobrevivido al intento, casi exitoso, de los nazis de asesinar a todos los judíos de Europa. Para entonces, tras muchos años de largas jornadas en fábricas de joyería de fantasía y redes de nailon para el cabello, mi madre pudo dejar de trabajar, pues ya no era necesaria su aportación a la economía de nuestra pequeña familia, y se me ocurrió que la idea de redactar sus memorias podría ofrecer una salida a la considerable cantidad de energía que tenía, lo que además le haría bien. Se negó porque no tenía una lengua: su inglés no estaba al nivel de la escritura y su polaco escrito lo sentía lejano. Sin embargo, cuando empecé a tomar psicoterapia tuve una idea: le pedí que escribiera todo lo que pudiera recordar de las experiencias de nuestra familia durante la guerra, ya que eso me ayudaría en terapia. Al parecer, ésa era la motivación que necesitaba. Me prometió intentarlo, *por mí*.

Mi madre comenzó a escribir en 1974. Cada cierto número de semanas me enviaba por correo unas diez páginas redactadas a mano, y, como vivíamos a miles de kilómetros de distancia, cada cierto número de semanas teníamos también una sesión telefónica para hablar acerca de lo que había mandado. Un día, mientras estábamos al teléfono, sentí un escalofrío al escucharla decir: «¿Sabes algo? Cuando empecé a escribir, lo estaba haciendo *por ti*, para ayudarte *a ti*. Pero, una vez que inicié, sentí que tenía dentro de mí un veneno que necesitaba vomitar».

En un año, mi madre había terminado un primer borrador a mano. Era breve y estaba incompleto, sin una sola palabra sobre el año que pasó en Auschwitz-Birkenau. Continuó trabajando en el manuscrito, tratando de cavar más profundo en sus memorias más dolorosas, incluyendo el tiempo que estuvo en el campo de exterminio. Luego, junto con mi padre, tomaron clases en una universidad que tenían como objetivo ayudar a personas mayores a plasmar sus memorias en papel. Dudó al inicio, pero luego empezó a dejar que otros leyeran el manuscrito, y gracias a sus preguntas y comentarios consiguió mayor consistencia en las descripciones de los hechos y de la gente.

Verificaba sus recuerdos con los de mi padre y los de sus amigos también sobrevivientes del gueto de Będzin y de Auschwitz, comparaban las versiones de los eventos que habían vivido juntos, en busca de la verdad. Revisó fechas y sucesos en los libros de historia y consultó palabras en los cuatro volúmenes de un diccionario polaco-inglés. Aunque creía estar muy familiarizada con las memorias de mi madre durante el tiempo en que las escribió, no fue sino hasta su muerte, mientras las preparaba para su publicación, que revisé el contenido del portafolio en que las guardaba y descubrí, además de los diversos borradores, la gran cantidad de notas a mano en las que había anotado nombres, lugares y eventos que afectaron de una u otra forma a mi familia. Fue entonces cuando me di cuenta de la seriedad y el dolor con los que había trabajado en su escritura. Al final, sus memorias sumaban unos treinta centímetros de altura. Cada copia contenía correcciones a mano y algunos cambios, además de material nuevo, lo que hacía aún más desafiante el proceso de edición.

Mi madre había intentado, y finalmente descartado, varias maneras de abordar las memorias, incluidas versiones tempranas en segunda persona, en forma de cartas dirigidas a mí. Incluso hizo el ejercicio de crear un cuento sobre el destino de cuatro generaciones de una familia judía en Polonia; usando nombres apenas disfrazados para cada uno de nosotros, contaba la historia de un venerado rabino, erudito del Talmud (basado en Jakub Orner, su abuelo materno), y las dificultades de su hija, una viuda de veinte años (su propia madre) que dejaba su hogar en Wyszków con su bebé (mi madre) y construía una nueva vida en un nuevo lugar (Będzin). Escribió sobre su matrimonio con mi padre, y la historia culminaba con el nacimiento de su hija (yo), seguido al poco tiempo por el estallido de la Segunda Guerra Mundial.

Mientras trabajaba en sus memorias, ya en sus sesenta y tantos años, mi madre sorprendió a todos cuando comenzó a pintar. Aprendió copiando pinturas clásicas y tomó algunas clases de dibujo, pero fue principalmente autodidacta. Parecía sorprendida ella también de descubrir su propio talento, aunque, según recuerdo, alguna vez me contó que de niña le gustaba jugar con colores, y de joven hacía álbumes de fotos familiares con portada de lino inglés sobre el que pintaba rosas y paisajes románticos.

Alimentó siempre una melancolía apasionada por nuestra numerosa familia y por el estilo de vida que había perdido en el Holocausto, así que vertía esa melancolía en dibujos nostálgicos de la vida judía de antes de la guerra y retratos al carbón de nuestros parientes, al menos cuarenta y seis de los cuales habían muerto asesinados por los nazis.

Mi madre acometía su arte con la misma disciplina, intensidad e iniciativa que ponía en su escritura, cualidades que, me imagino, debieron contribuir a su supervivencia, así como a la mía (siempre con una gran dosis de suerte, por supuesto). Todas las mañanas, muy temprano, en cuanto mi padre se iba al trabajo, extendía una lona impermeable sobre el piso de la sala, para protegerla, montaba el caballete y se pasaba el día pintando. Cuando se acercaba la hora de cenar, limpiaba sus pinceles, enrollaba la lona, empacaba sus materiales y los guardaba en el clóset, y, para el momento en que mi padre llegaba de trabajar, el departamento estaba limpio y la cena lista... Y entonces le mostraba lo que había hecho aquel día.

Así como mi padre había ayudado a mi madre en su investigación para la escritura de sus memorias, el arte se convirtió también en un proyecto conjunto. La acompañaba feliz a museos y galerías, le preparaba los lienzos, enmarcaba los dibujos y las pinturas terminadas, y fotografiaba, numeraba y catalogaba meticulosamente cada una. Luego me enviaba las fotos. Posaba paciente para los retratos y, sobre todas las cosas, admiraba sinceramente su trabajo. Sin embargo, cuando mi padre se enfermó de gravedad, y durante los últimos doce años de su vida, mi madre dedicó todo su tiempo y su energía a cuidarlo. Dejó de pintar y de escribir y nunca volvió a hacerlo.

Mi madre y mi padre hicieron juntos todo lo que pudieron, y después de la guerra se volvieron inseparables. Tras la muerte de mi padre, en las dos décadas que vivió sin él, mi madre se enfrentó a muchos desafíos inesperados, y encontró consuelo y satisfacción en las caras familiares, así como en otras imágenes que había creado y que la miraban desde arriba, colgadas en las paredes de su departamento.

Durante los breves cinco años que mi madre pasó pintando y, al mismo tiempo, trabajando en sus memorias, hizo alrededor de ciento cincuenta pinturas al óleo, acuarelas y dibujos al carbón. Muchos de ellos se presentaron en una exhibición en New Haven, Connecticut, cuando ella tenía noventa y ocho años. Fue la primera vez que pude verlos todos juntos; tristemente, los retratos al carbón de todos los miembros de la familia que habían sido asesinados resultaron demasiado abrumadores para ella y tuvo que irse de la exposición.

Aunque mi madre no consideraba que sus memorias estuvieran terminadas, y nunca las entregó para publicación, algunos fragmentos aparecieron en revistas de Estados Unidos, y luego, en *Letras Libres* en México y en España; le dio gusto ver el reconocimiento con el que fueron recibidos. Durante las últimas dos décadas de su vida, abandonó la pintura, pero nunca dejó de hablar de sus memorias como un trabajo al que planeaba volver un día… Guardaba los borradores y los fólderes llenos de notas en un pequeño portafolio que mantenía siempre a la mano.

Mi madre vivió hasta los ciento un años. Tras su muerte, cuando me pidieron que preparara sus memorias para su traducción y edición en Polonia, releí un borrador temprano, la versión que había escrito en forma de una carta dirigida a mí. Estas líneas, que mi madre había plasmado en la primera página, me conmovieron:

> Cuando empecé a escribir la primera vez, me pasaron por la mente estas palabras de Bella Chagall: «Querido Dios, qué difícil extraer de entre los recuerdos inmateriales un fragmento de una vida perdida. Y qué tal si ésas, mis magras memorias, se apagan y mueren conmigo».[1]
>
> Quiero rescatarlas.

---

[1] Bella Chagall, *Burning Lights*, Schocken Books, Nueva York, 1946, a partir de una traducción al inglés de *Brenendike Licht*, de Norbert Guterman.

A esta cita de Bella Chagall, mi madre le había añadido una línea que debí haber visto antes, pero de la que no tenía recuerdo, quizá porque no estaba lista para ello. La línea añadida era la siguiente: «Decidí escribir estas memorias con la esperanza de que un día seas tú quien las rescate».

Y ese día llegó al fin.

Nota sobre las fotografías

Después de que los deportaran de Będzin, y a lo largo de todos los suplicios, de todas las veces que los registraron, los desnudaron y los enviaron a las marchas de la muerte, mi madre y mi padre lograron conservar, cada uno, una fotografía. Mi padre guardó consigo una imagen en la que aparezco con el cabello decolorado, tomada por mi rescatadora, Maria Dyrda. Mi madre alcanzó a salvar una foto en la que está conmigo, ella lleva la banda amarilla con la estrella judía, y yo, un abrigo de Zakopane; la tomó mi padre el día de mi tercer cumpleaños. Mis padres sintieron que aferrarse a esas dos pequeñas fotos, cuando habían perdido el resto de sus preciadas fotografías junto con todo lo demás, les ayudaba a aferrarse también a la esperanza. Mi madre escribe acerca de ambas fotos en sus memorias.

Al terminar la guerra, una vez que supieron que éramos los únicos sobrevivientes de nuestras dos familias, mis padres dedicaron años a rastrear el paradero de los parientes y amigos que habían dejado en Polonia antes de la guerra y que estaban esparcidos por el mundo. Igual que otros sobrevivientes, se sentían ansiosos por reactivar el contacto y tenían la esperanza de encontrar información sobre otros familiares y amigos que hubieran sobrevivido, de alguna forma, en alguna parte. Y, por supuesto, iniciaron la búsqueda de fotografías familiares para remplazar las imágenes que les habían quitado.

Las esperadas noticias de familiares sobrevivientes nunca llegaron, pero, poco a poco empezamos a recibir las fotos, enviadas por primos desde Estados Unidos, Canadá, México, Venezuela, Francia, Israel e incluso Polonia. Antes de la guerra, en una época muy anterior a las redes sociales y al uso masivo del celular, la gente solía comunicarse mandando fotografías improvisadas o de estudio, a veces impresas como tarjetas postales, para compartir noticias sobre acontecimientos felices o simplemente para mantenerse en contacto. Mi padre era un aficionado a la fotografía, y al parecer adoraba usar su querida cámara Leica para documentar cada pequeña etapa de mi vida. Entre las fotografías que llegaron a llenar nuestros álbumes posteriores a la guerra, encontré, para mi asombro, siete que mi padre había tomado durante mi primer año, y sin duda habría más como ésas. No debió sorprenderme. Después de todo, era la primera nieta entre las numerosas familias de mis dos padres.

Nadie habría podido sospechar que sería también la única.

Mira Reym Binford

Primera parte

Bajo la ocupación alemana

1939: huida a Kielce

Durante el segundo año de vida de nuestra hija —mientras ganaba confianza al caminar y comenzaba a descubrir el mundo—, mi esposo y yo la llevamos de vacaciones a las montañas Beskides, en el sur de Polonia. El 1 de septiembre de 1939, nuestro viaje de placer se vio interrumpido por la invasión de la Alemania nazi al país. Había comenzado la Segunda Guerra Mundial.

Regresamos a Będzin cuanto antes, en medio de los rumores sobre cómo los nazis, en su avance, estaban matando judíos, en especial ancianos y niños. Mientras el ejército polaco se movilizaba, nuestra familia decidió que yo debía irme de Będzin inmediatamente, con mi suegro y mi hija, y buscar refugio en Kielce, que estaba más al este, lejos de las tropas alemanas que avanzaban desde el frente occidental. Mi suegro había nacido en Kielce y los parientes que teníamos allá podrían acogernos. Mark —mi esposo— y su hermano tratarían de alcanzarnos algunos días después.

Cuando llegamos, Kielce era una ciudad en pánico. Había gente corriendo en todas direcciones, acarreando sus bultos, aterrada por los alemanes cada vez más próximos. Ese mismo día, nuestras primas Regina y Frania Kahane tomaron un camión con sus familias para irse todavía más al este, hacia Rusia. Nosotros nos quedamos en Kielce, en casa de Breindl, la hermana de mi suegro. La recuerdo como una mujer ya anciana, sentada en el rincón de un cuarto oscuro la mayor parte del tiempo, rezando con el libro de oraciones abierto sobre el regazo. Su hijo menor, Beniek, cedió su habitación para que Mira y yo estuviéramos cómodas.

El ejército polaco dio batalla en Kielce y la ciudad sufrió muchos bombardeos. Pasábamos horas hacinados en un búnker durante las incursiones aéreas. Aunque nuestra Mira no tenía más que dieciséis meses de nacida, debió sentir mi terror cuando la sostenía en mis brazos y las bombas caían en la cercanía. Con frecuencia nos quedábamos dormidas una junto a la otra y el estruendo de las explosiones nos despertaba a ambas. Yo tiritaba de miedo, incapaz de moverme, mientras la tierra temblaba y las paredes se sacudían. A la entrada del ejército alemán en Kielce, nos enteramos de que una de las primeras ciudades que habían ocupado era, precisamente, Będzin.

Nuestra estancia en Kielce se alargó, pero no había señales de Mark y su hermano. Pasadas tres semanas sin noticias de Będzin, empezó la ansiedad de volver a casa. Temía por la seguridad de mi marido, estaba preocupada por mi madre, mis hermanos y hermanas, y me sentía sola.

Los alemanes habían requisado todos los trenes de pasajeros y los viajes civiles estaban detenidos, pero me enteré de un tren de carga que iba hacia Będzin y me decidí a regresar. No llevé a mi suegro conmigo porque se rumoraba que para los ancianos judíos varones viajar era especialmente peligroso. Aun llena de miedo, me puse en camino con mi hija.

Viajamos varios días con sus noches, hacinadas en el tren de carga, rodeadas de familias con niños que lloraban de hambre y de sed, estábamos muertos de cansancio. El calor del tren cerrado se volvió intolerable. Exhaustas, llegamos a Częstochowa, desde donde tomamos un tren para transporte de ganado hasta Zawiercie.

Al dejar atrás ese tren en la oscuridad de la noche, al caminar hacia lo desconocido con mi niña en brazos, me sentía terriblemente sola y asustada. Avanzaba, junto con la multitud, hacia donde estaba el conductor. La gente a mi alrededor gritaba «¿adónde podemos ir?, ¿qué hacemos?» en polaco, ídish y alemán. El ferrocarrilero nos aconsejó esperar a la mañana; quizá entonces llegaría otro tren que podría llevarnos a nuestro destino.

Iba perdida en mis pensamientos, sin saber qué hacer, sintiendo lástima por la niña en mis brazos y por todas esas personas atrapadas en el infortunio de esta guerra. Noté que había otra mujer joven con un bebé y, al acercarme, reconocí a mi amiga Reginka, de Będzin. Su hijo había nacido apenas una semana antes que nuestra Mira. Fui hacia donde estaba y nos abrazamos con lágrimas en los ojos. Teníamos muchas preguntas que hacernos y hablamos hasta el amanecer de lo que nos había sucedido desde que dejamos Będzin.

Ella también volvía a casa, y decidimos cruzar caminando la ciudad de Zawiercie en busca de cualquier medio de transporte. Finalmente, para nuestro enorme alivio, encontramos a un hombre que tenía un carruaje tirado por caballos y que estaba dispuesto a llevarnos a Będzin a un buen precio.

Los soldados alemanes nos paraban una y otra vez. Nos apuntaban con sus rifles y el corazón me daba un vuelco. Pero estaban buscando a hombres judíos y, cuando el conductor les mostraba una credencial que lo identificaba como polaco, nos dejaban seguir nuestro camino.

Entonces nos aproximamos a un puente, en el que vimos otros vagones, carruajes y autos que los alemanes habían detenido. Escuchamos gritos:

—*Alle Juden heraus! Alle raus! Schnell! Schnell!* («¡Todos los judíos fuera! ¡Todos fuera! ¡Rápido! ¡Rápido!»).

En medio de la confusión, Reginka y yo, con nuestros bebés, salimos empujadas del carruaje. Lo único que recuerdo de ese momento son los gritos de otros seres humanos, asesinados un disparo tras otro, cayendo al río desde el puente.

Pensé que me iba a volver loca. Tenía ganas de gritar: «Dios, ¿cómo puedes permitir que suceda algo así? ¿Por qué?».

Y luego oímos más gritos en alemán:

—¡Rápido! ¡Rápido! ¡Fuera de aquí!

Reginka y yo cruzamos corriendo el puente y ahí, al otro lado, estaba nuestro conductor con su carruaje, esperando y apurándonos:

—¡Vámonos! ¡Rápido!

Se puso en marcha, fustigando a sus caballos para que corrieran más y más deprisa. Nos llevó un tiempo recuperar el aliento.

Seguimos al galope durante varias horas, tensas y llenas de miedo. Luego, al llegar a Będzin, encontramos la ciudad tranquila, con muy poca gente en las calles. Casi era hora del toque de queda. Bajamos del carruaje de un salto y corrí con mi hija a casa de mi madre.

Cuando entré a su departamento, la habitación se llenó de alegría. De pronto estaba en los brazos de Mark y verlo me hizo tan feliz que por un momento olvidé que había una guerra. Mi madre no dejaba de agradecer a Dios por nuestro regreso y, mientras levantaba a su nieta en brazos, le brillaban los ojos. Todos querían cargar a nuestra bebé, a nuestra pequeña Mira, nuestra preciosa Mirusia, y Mark no la perdía de vista. Estuvimos horas sentados, hablando con mi madre, mis hermanas Regina y Mania y mis hermanos Jakub, Izak y Emil. Intercambiamos historias sobre lo que cada uno había vivido y nos repetimos una y otra vez cuánto nos habíamos preocupado los unos por los otros, cuánto nos habíamos extrañado.

Luego, esa noche, ya muy tarde, Mark me contó lo que habían vivido tanto él como nuestra Będzin desde el día de mi partida. Había sido una decisión afortunada, me dijo, la de irme a Kielce con su padre y con Mirusia. Poco después de eso, el pánico se había apoderado de Będzin con los polacos y los judíos tratando de escapar del avance alemán. Como habían oído el pavoroso rumor de que los alemanes estaban asesinando hombres judíos, Mark y su hermano Dawid decidieron ponerse en marcha hacia Kielce inmediatamente. Empacaron una maleta y una mochila con nuestra vajilla de plata y otras posesiones valiosas, y se unieron a un grupo de personas que iban a pie, cargadas de bultos, en dirección a Kielce. Junto con ellos, había otros hombres en bicicleta y otros más en carretas tiradas por caballos, repletas de refugiados.

Mark y Dawid caminaron durante días enteros, con poca agua y comida. La maleta y la mochila se convirtieron en una carga enorme. Casi se habían quedado sin fuerzas cuando llegaron a Miechów, un pueblo a medio camino hacia Kielce. Para su decepción, descubrieron que Miechów ya estaba bajo ocupación alemana, pero alguien los dirigió a la casa de cierta familia prominente, los Frydrychs, que habían mostrado una gran hospitalidad con todos los refugiados que les pedían ayuda. Con los zapatos rotos y los pies adoloridos, se quedaron una noche con los Frydrychs; al día siguiente, junto con otros refugiados, se pusieron en marcha de regreso a Będzin. Tuvieron la suerte de encontrar a un polaco que tenía un caballo y una carreta y que iba en la misma dirección, así que los llevó.

Cuando llegaron, corrieron en busca de la madre de Mark. Y lo que se encontraron les pareció definitivamente una pesadilla. La casa en la que vivían sus padres, su hogar de la infancia, se había quemado hasta los cimientos. Estaba rodeada de pilas y pilas de escombro. Mark y Dawid permanecieron ahí, mirando atónitos. Entonces, un conocido los vio y se acercó para decirles que tanto su madre como Różka, su hermana, estaban vivas y se habían refugiado con una tía de ellos, llamada Banach. Corrieron hacia allá y, en cuanto su madre los vio, clamó agradeciendo a Dios y comenzó a llorar en silencio.

Pasados unos momentos, logró contarles lo sucedido. Para cuando el ejército alemán había entrado a Będzin y a las ciudades vecinas, no podía encontrarse a un alma en sus calles. La población entera estaba escondida en sus casas. Los soldados alemanes corrían por la ciudad, rifle en mano, a la caza de víctimas. Los disparos se prolongaron por varias horas. Los oficiales de las SS entraban en las casas, sacaban a los varones judíos, los ponían contra los muros y los asesinaban. Eso hicieron en la calle donde vivía la madre de Mark: echaron fuera a todos los judíos, dejaron pasar a las mujeres y a los niños y mataron a los hombres. ¡Sólo por ser judíos! Luego les prendieron fuego a muchos de los edificios de la zona judía, incluyendo la sinagoga principal y la escuela de hebreo; le disparaban a cualquiera que tratara de escapar de las llamas. Una vecina de la madre de Mark, al ver que estaban matando a los varones judíos, salvó a su marido enrollándolo en un tapete y, con ayuda de su hija, lo llevó cargando por las calles. Sin embargo, aparte de él, fueron pocos los hombres judíos que sobrevivieron escondiéndose en una iglesia cercana.

Eso fue lo que la madre de Mark les contó a sus hijos. Estaba sobrellevando la pérdida de todas las posesiones familiares acumuladas por generaciones. Durante ese tiempo terrible aceptó todo con estoicismo, agradecida de que su familia estuviera viva. Fue esa misma dignidad y control los que la ayudaron a sobreponerse a tantas tragedias, en particular a las muertes de dos de sus hijos mayores en atroces accidentes de tránsito.

Tan pronto como mi suegro regresó de Kielce, el *Judenrat*, el Consejo Judío que los alemanes se habían apresurado a nombrar, les asignó un departamento de dos habitaciones que compartirían con otra familia. Comenzaron una vez más desde cero, con muebles y otros elementos necesarios que parientes y amigos les proporcionaron.

Mark y yo aún teníamos nuestro departamento de tres habitaciones en el número 36 de la calle Małachowskiego. Aunque requería subir tres pisos a pie, tenía una sala principal espaciosa y llena de luz que daba a la calle. A pesar de todo lo que ocurría a nuestro alrededor, nos hacía felices estar juntos de nuevo. Pasaban los días y aún había muchas cosas que contarnos. Sentirme amada y cuidada me daba paz. Mark me ayudaba con la bebé y compartía conmigo otras responsabilidades cotidianas, como traer leña y carbón, encender la estufa y hacer fila temprano por las raciones de comida.

Como la guerra no parecía terminar, decidimos comenzar a hacer reservas de comida. Compramos en el mercado negro un saco enorme de harina, además de azúcar, arroz, guisantes, frijoles secos y aceite. Lo guardamos todo en la despensa que había en el vestíbulo del departamento. Además, almacenamos reservas de carbón, madera y papas en un cobertizo del patio del edificio. Habíamos tenido la suerte de retirar nuestros ahorros del Banco PKO a tiempo, aunque, bajo la ocupación alemana, tuvimos que cambiar nuestros eslotis por *Reichsmarks* alemanes.

Cuando nuestra empleada doméstica se enteró de que habíamos regresado a casa, volvió a Będzin para buscarnos. Genia era una jovencita campesina, de unos veintitantos, originaria de un pueblito cercano a Będzin. Comenzó a trabajar con nosotros cuando nació Mirusia y se encariñó con ella, pronto se familiarizó con nuestras tradiciones. Fue de gran ayuda, aunque para entonces le preocupaba dormir en una casa judía, así que cada noche se iba con su hermana Marta, que vivía en la ciudad.

Una señal del futuro

A principios del otoño de 1939, los alemanes anexaron la Alta Silesia Oriental y la franja de territorio polaco llamada Zagłębie, donde se encontraba Będzin. Quedamos, de la noche a la mañana, sometidos a la Alemania nazi. Germanizaron los nombres de las ciudades y Będzin se convirtió en Bendsburg. Poco después, a los judíos se nos podía identificar desde lejos, porque nos ordenaron llevar un brazalete blanco con una estrella de David azul en el brazo izquierdo. Nos obligaron a entregar todos los radios, que eran nuestra principal fuente de noticias, y a los niños judíos se les prohibió asistir a la escuela.

Nuestra angustia crecía con cada nueva orden que los nazis emitían, pero aprendimos a aceptar cada cambio, cada restricción, cada pérdida. Aprendimos a vivir con nuestros miedos y desarrollamos una habilidad de supervivencia, siempre a la espera de que la guerra terminara pronto.

Era de noche, durante el otoño de 1939. Llovía intensamente y había viento. Se acercaba la hora del toque de queda y había muy poca gente en las calles. Luego de acostar a Mirusia, me quedé de pie junto a la ventana, esperando que Mark regresara de Sosnowiec, adonde había ido a buscar trabajo. Genia acababa de irse a pasar la noche en casa de su hermana Marta. Por la ventana podía ver pasar el tranvía, y entre más avanzaba la noche sin que Mark volviera, más crecía mi preocupación.

El tiempo avanzaba lento. Por fin sonó el timbre y Mark entró, pálido y tembloroso. Tardó un rato en poder contarme lo que le había sucedido. Estaba en Sosnowiec, caminando, cuando escuchó un alboroto, gente gritando que la Gestapo[2] estaba arrestando a judíos en la calle. Él y otros judíos corrieron a un sótano donde pensaron que estarían a salvo. Unos minutos después, oyeron golpes en la puerta y a los alemanes intentando entrar por la fuerza. El dueño del sótano se asustó y les abrió la puerta. La Gestapo ordenó salir a todos los varones, los subieron en camiones junto con otros judíos y los llevaron a un edificio en la fábrica de Schön. Al llegar, los sacaron a latigazos, con la ayuda de perros feroces. Los reunieron y los obligaron a correr, luego a detenerse, a correr y a detenerse, una y otra vez mientras los alemanes los insultaban y les gritaban, una y otra vez:

—*Laufen! Halt! Laufen! Halt!* («¡Corran! ¡Alto! ¡Corran! ¡Alto!»).

Si alguien no se detenía de inmediato, lo golpeaban y lo pateaban con tal brutalidad que no podía levantarse.

Exhaustos y aterrados, los hombres seguían las órdenes de la Gestapo: avanzar rápido y de rodillas, echarse boca abajo sobre el asfalto, gatear. No pararon durante varias largas horas. A muchos judíos ancianos que no habían sido capaces de obedecer las órdenes tuvieron que llevárselos. De pronto, escucharon un rotundo «*HALT!*». Mark sintió un escalofrío, temiendo lo que vendría a continuación. Un oficial anunció que eso era sólo una muestra de cómo tratarían a los judíos en los campos de concentración. Señaló a un judío, Moniek Merin, la cabeza del *Judenrat*, el Consejo Judío de Sosnowiec, y anunció que Merin sería nombrado *Judenälteste*, el gran líder judío de toda la región, y que sería responsable de recolectar el oro y la plata de los demás judíos. Si no querían que los enviaran a un campo de concentración, sería mejor que fueran a casa y reunieran todo su oro y plata y los entregaran al *Judenrat*, que a su vez se lo entregaría a las SS.

Aquélla fue una noche de insomnio para Mark y para mí, ambos acostados en la oscuridad y preocupados por lo que

---

[2] *Geheime Staatspolizei*: policía secreta estatal nazi, conocida por su brutalidad.

haríamos al día siguiente. Por la mañana, apenas entró, Genia notó que algo le había sucedido a Mark. Exclamó:

—*Matka Boska* («Madre de Dios»), ¿qué le pasó?

Cuando escuchó lo que las SS les habían hecho a él y a los demás hombres judíos, maldijo a Hitler y a los nazis. Mientras desayunábamos, encendió la estufa de azulejos para calentar la habitación después del frío nocturno. Con cada pedazo de carbón que arrojaba al fuego, lanzaba otra maldición a los nazis. De pronto se dio la vuelta y sus ojos se posaron en Mirusia. Levantó a la bebé en brazos y la acurrucó mientras repetía:

—¡Malditos! ¡Malditos!

Luego me miró y exclamó:

—¡Mire el caos que han provocado esos malditos nazis!

Intenté decirle que no se preocupara, que la guerra no duraría para siempre, pero por dentro sentía la misma ira. Cuando Genia sentó a Mirusia en su silla de juegos, la niña estaba inquieta y no paraba de decir:

—*Nana*, afuera.

A pesar de que estaba todavía adolorido, Mark tenía que ir al *Judenrat* para la recolección. El *Judenrat* había enviado comisiones de dos personas a diferentes partes para juntar el oro y la plata de los judíos, tal como habían ordenado las SS. La recolección duró varios días, pero mucha gente no estaba dispuesta a deshacerse de sus posesiones más preciadas y las comisiones recibieron sobre todo plata.

La vida continuó con los problemas cotidianos. Para comprar artículos de primera necesidad teníamos que hacer largas filas y cada día perdíamos horas en los centros de distribución para obtener raciones de comida, que eran siempre insuficientes, lo que hizo que el mercado negro floreciera.

Judenrat

Los judíos quedamos sometidos a una oleada de edictos y regulaciones que los alemanes nos transmitían a través del *Judenrat*, el Consejo Judío. Tres semanas después de invadir Polonia, Alemania había emitido una orden que requería la formación de consejos entre las comunidades judías de los países ocupados. Su principal función era poner en marcha las políticas nazis y carecían de autoridad en sí mismas. También se encargaban de supervisar los asuntos internos de las comunidades judías, tales como el trabajo, las finanzas, el mantenimiento del orden, la vivienda, la distribución de la comida y la administración de un centro de salud, un orfanato y un asilo para cada una de ellas. Los alemanes consideraban al *Judenrat* principal de las inmediaciones de Sosnowiec, encabezado por Moniek Merin, como el Consejo Central de Asuntos Judíos para toda nuestra región, que comprendía la Alta Silesia Oriental y Zagłębie, y cada consejo local, como el *Judenrat* de Będzin, se organizaba bajo su autoridad.

Los alemanes exigían que, cada día, el *Judenrat* les suministrara trabajadores para limpiar las calles, sin paga. A estas labores solían enviar sobre todo a gente pobre y, si algún rico resultaba elegido, con mucha frecuencia le pagaba a los pobres para que lo sustituyeran. Cuando hubo escasez de comida, muchos judíos pobres se ofrecieron como voluntarios para trabajar en las calles y así conseguir que el *Judenrat* les diera comida gratis. En cuanto a los ricos, muy seguido veían sus casas confiscadas por las SS para que los alemanes las ocuparan y no tenían más remedio que salir sólo con lo que llevaban puesto.

Todos los judíos debían pagar un impuesto al *Judenrat*. La mayor parte del dinero era para sobornar o entretener a los alemanes, así como para comprarles regalos. Una parte se usó para mantener en pie el hospital, el orfanato, el asilo y el comedor para los pobres. Con frecuencia el impuesto era tan alto que muchas familias tenían que vender sus pertenencias para juntar la cantidad requerida.

Los alemanes exigieron que cada *Judenrat* organizara una fuerza policial judía. Vestían gorras y brazaletes de color blanco con la inscripción *Jüdische Strassenordner*, «Policía Urbana Judía». Se suponía que dicha organización era la encargada de mantener el orden en las calles en las que se concentraban los judíos y prevenir el mercado negro. Sin embargo, no tardaron en asignarles una tarea adicional: se obligó a los policías a arrestar a jóvenes judíos, hombres y mujeres, para enviarlos a hacer trabajos forzados o a los campos de concentración.

Otro de los grandes cambios que pronto tuvimos que aceptar afectaba a los judíos dueños de negocios. Las compañías de gran tamaño pasaron a manos de la *Treuhandstellen*, la oficina de administración fiduciaria alemana, mientras que a los negocios más pequeños los absorbieron los más grandes y cada compañía de nueva creación quedaba bajo la gestión de un *Treuhänder*, un fideicomisario. A algunos de los empresarios judíos se les permitió permanecer y trabajar bajo la nueva administración alemana; ganaban dinero y sus condiciones de vida mejoraban. Sin embargo, a la mayoría los echaron sin compensación alguna. Algunos comerciantes minoristas, viendo que los alemanes estaban confiscando la mercancía de las tiendas judías, decidieron cerrar las suyas y esconder sus productos donde se pudiera. Algunos construyeron paredes de doble fondo en sus departamentos para ocultar ahí sus mercancías, que luego vendían para sobrevivir. Los padres de Mark, que administraban una tiendita de textiles ubicada en la casa en la que vivían entonces, la cerraron y repartieron la mercancía en las casas de amigos polacos que habían sido sus clientes. Luego, cuando necesitaban dinero, vendían algunas de esas telas que estaban bajo el resguardo de sus amigos.

Nuestra Owoc

Cuando los alemanes confiscaron Owoc, la fábrica de mi familia que producía derivados de fruta, el *Treuhänder* asignado, un tipo llamado Reiner, se apropió de un inventario de ciento cincuenta mil litros de almíbar de cereza y jarabe de frambuesa. Eran los productos principales de la fábrica, que estaba ubicada justo frente al departamento de nuestra familia en la calle Modrzejowska, en Będzin. Mi padre había construido un negocio próspero mediante ingenio y trabajo duro. Recuerdo que, en mi época de escuela, la familia entera se involucró en la elección de un nombre para la fábrica y en el diseño de las etiquetas con cerezas y frambuesas. Después de considerar una gran cantidad de alternativas, al final decidimos que el nombre debía ser tan sólo *Owoc*, la palabra polaca que significa «fruta».

A mis padres les costó un gran esfuerzo hacerse de un nombre en el mercado con los productos de su fábrica. Antes de decidirse a abrirla, mi padre había intentado otros negocios, con mucho menos éxito. Se pasó largas noches estudiando libros, buscando ideas nuevas para producir y mejorar sus productos. Mi madre trabajaba con él y le ayudaba bastante. Cuando ya tenía más de cuarenta años, mi padre fue a Cracovia y aprobó un examen de química para obtener la licencia necesaria para que la fábrica entrara en operación. Además de los extractos de frutas, añadió a la línea de producción mermelada, arándanos en conserva, vainilla y polvo para hornear, además de puré de tomate y de naranja. Todos los hijos trabajábamos en Owoc después de la escuela, con excepción de Emil, el más joven, y mi papá empleó a varios vendedores para presentar y popularizar nuestros productos. Abram, hermano mayor de mi marido, fue uno de los primeros.

Owoc ya no era nuestra. A mis hermanos, Jakub e Izak, a mis hermanas, Regina y Mania, y a nuestro empleado más antiguo, Maciej, que era polaco, se les permitió continuar trabajando en la fábrica. Mi madre se dedicó al hogar, aunque antes de la guerra había estado muy activa en la producción. Emil, mi hermano menor, aún demasiado joven para trabajar, la ayudaba en casa.

Mi hermano Jakub se hizo amigo de Reiner, el fideicomisario alemán, y le sugirió comprar azúcar al mayoreo para poner la fábrica a trabajar a toda su capacidad. Reiner aceptó el consejo y pronto comenzaron a llegar camiones cargados de azúcar. El fideicomisario le tomó confianza a Jakub y le encargaba las llaves de la fábrica, pero también trajo a su padre desde Alemania para que supervisara la producción, que entonces se enviaba a hospitales alemanes. Jakub tenía apenas veinte años, pero, era un joven competente y maduro que tenía don de gentes. Tres años antes, en 1936, cuando murió nuestro padre, Jakub se había hecho cargo de la fábrica y, aunque aún era un jovencito, se había hecho responsable del resto de la familia.

Nos partía el corazón verlo como un empleado en nuestra propia fábrica, erigida con el trabajo duro de nuestra familia a lo largo de los años y arrebatada de la noche a la mañana. Cuando la producción llegó a su máximo, logró esconder algunos costales de cien kilos de azúcar para venderlos y darle a la familia algo de dinero disponible para emergencias. Resultaba triste que tuviera que robar de su propia fábrica para asegurar la supervivencia de su familia.

1940: el segundo cumpleaños de Mira

A finales de abril, junto con el renovado despertar de la naturaleza, llegó el segundo cumpleaños de nuestra hija. Fueron días gloriosos de sol, los árboles comenzaron a reverdecer y los jardineros salían a las calles a trabajar los lechos de begonias y claveles. Celebramos el cumpleaños de Mirusia con discreción: invitamos a algunos amigos con sus hijos después de los largos días de invierno, con la esperanza de que la guerra terminara y de que los niños crecieran en un mundo mejor. Nos llenó de gusto que todos nuestros familiares vinieran a felicitar a Mirusia y a cantar *Sto Lat*:[3]

¡Cien años! ¡Cien años!
¡Que los viva, que los viva con nosotros!
¡Una vez más! ¡Una vez más!
¡Que los viva, que los viva con nosotros!

Mirusia estaba encantada con la atención que le daban sus abuelos, sus tías y sus tíos. Su abuela Cesia le regaló un collarcito de coral para ahuyentar el *urok*, el «mal de ojo», y su abuela Chana le obsequió una muñeca parlante, casi del mismo tamaño que la propia Mirusia. Mirusia sopló las dos velas y le cantamos *Sto Lat* una vez más, todos con la esperanza de un mejor mañana. Su papá no dejaba de tomarle fotos. Resultaba

---

[3] Canción tradicional polaca, de autor desconocido, que se canta en celebraciones como cumpleaños o bodas. [N. del T.]

difícil de creer que apenas el año anterior, en su primer cumpleaños, éramos gente libre y feliz.

Las tropas nazis se movían deprisa, invadiendo el norte y el este de Europa, adentrándose en Francia. Cuanto más territorio de Europa oriental ocupaban, más trabajadores necesitaban y comenzaron a echar mano de más trabajo forzado para proveer a sus fuerzas armadas y operar las fábricas y las minas en Alemania. En Sosnowiec, la ciudad vecina a Będzin, se estableció una oficina local para enviar a judíos y polacos jóvenes —muchas veces, demasiado jóvenes— a los campos de trabajos forzados.

El *Judenrat* se vio obligado a abrir un nuevo departamento llamado *Arbeitseinsatz*, la Oficina de Emplazamiento de Trabajadores, para proveer a los alemanes de mano de obra judía tanto en Alemania como en otros territorios ocupados. Muchas veces, cuando a las SS no les satisfacía el número de personas enviadas por el *Judenrat*, los oficiales del alto comando local de las SS, como Lindner, Ludwig o Kuczyński, ordenaban sus propias redadas y detenían a jóvenes judíos en las calles para mandarlos directamente a los campos.

De alguna manera, la vida continuó, y tanto Mark y yo como nuestras familias seguimos adaptándonos. La compañía en la que Mark trabajaba antes de la ocupación alemana, una empresa de suministros de ferretería, tuberías y molduras, quedó reducida a cenizas cuando los alemanes invadieron Będzin. Para sobrevivir, Mark empezó a comerciar con ferretería por su cuenta. Sus conocidos lo recomendaban a la gente que buscaba productos que ya no estaban disponibles en el mercado o para los que no tenían *Kennziffer*, los permisos oficiales. Mark utilizó sus contactos de antes de la guerra para adquirir productos de acero y otros metales. Aunque nadie podía comprarlos sin los *Kennziffer* del gobierno, los empresarios que conocían a Mark de antes y confiaban en él se los vendían de todas formas. Más tarde, cuando tuvo mayor demanda, se asoció con dos amigos y así pudo proveer para nuestra pequeña familia. Sin embargo, por protección, Mark aún requería la cobertura de un *Sonder*, un permiso especial de trabajo que se emitía para quienes tenían empleos considerados útiles a los esfuerzos bélicos alemanes. En ese momento, un *Sonder* todavía protegía a un judío de ser deportado a los campos de trabajos forzados. Así que, además, Mark consiguió un empleo en la que había sido la fábrica de mi familia, Owoc, donde trabajaba seis horas al día.

Para entonces los nazis habían prohibido a los judíos entrar a los parques públicos. Sin embargo, cuando las cosas estaban relativamente en paz, me pasaba horas con Mirusia en un prado no muy lejos de nuestro departamento. Era un campo enorme en el que pastaban las vacas y los borregos, mientras nosotras nos sentábamos al sol y una brisa fresca soplaba desde el río Czarna Przemsza. A Mirusia le gustaba cazar mariposas con los otros niños. Mark nos alcanzaba después del trabajo y, en cuanto empezaba a ponerse el sol, caminábamos juntos cargados de margaritas y acianos que habíamos recogido en la pradera, cerca de la casa de mi madre. Siempre le alegraba mucho ver a su nieta y con frecuencia cenábamos ahí con la familia completa.

En 1941, los nazis procedieron con la evacuación masiva de la totalidad de la población judía de la ciudad vecina de Oświęcim. A cada judío se le permitió llevar consigo lo que pudiera cargar y se les transportó hacia Będzin, Sosnowiec y Dąbrowa Górnicza, ciudades con grandes poblaciones judías que quedaban a menos de cuarenta kilómetros de Oświęcim. A la gente de Oświęcim se le reubicó en las afueras, y esa ciudad dejó de ser el lugar que solía ser, en la que judíos y polacos vivieron juntos por generaciones.

Cuando los judíos evacuados llegaron a Będzin, nos acordamos de los tiempos anteriores al inicio de la guerra, cuando los nazis expulsaron a los judíos polacos de Alemania hacia Polonia. Se les había permitido llevar solamente una maleta por persona. Entre ellos había ciudadanos alemanes de varias generaciones, pero a todos y cada uno los expulsaron de un momento a otro.

Antes de la guerra, algunos judíos habían tenido la suerte de emigrar a países al otro lado del océano. Uno de ellos fue mi tío Aaron Pacht, el hermano menor de mi madre. Escapó de

Polonia a Alemania en 1922 para evitar que lo reclutaran en el ejército polaco. Se estableció en Berlín, donde tuvo dos hijas, Doba y Miriam, y un hijo llamado Jakub. Cuando Hitler ascendió al poder, mi tío Aaron y su familia se fueron de Alemania a Palestina. Se asentaron en Tel Aviv, donde él trabajaba para la oficina postal. Poco después de la expulsión de los polacos judíos en 1938, la hermana menor de mi madre, Jadzia, dejó también Będzin para establecerse en Palestina.

En medio de los temores de que Hitler pudiera invadir Polonia algún día, también Mark y yo estábamos preocupados por nuestra situación. Aunque nuestras raíces familiares estaban en Polonia desde hacía muchas generaciones, nos sentíamos inseguros a causa del creciente antisemitismo en el país y de nuestra cercanía con la frontera alemana. Le escribimos a mi tía Chaya, hermana de mi padre, que tiempo atrás había dejado Wyszków para emigrar a México con su familia. Tratamos de describir nuestra situación en Polonia, cómo empeoraba cada día, cómo sentíamos que nuestro futuro estaba en peligro y, por lo tanto, queríamos saber si existía la posibilidad de migrar a México.

Por las mismas fechas, mi hermano Izak le escribió a nuestro tío Aaron en Palestina, diciéndole que le encantaría salir de Polonia lo antes posible porque no veía ahí ningún futuro para la juventud judía. Izak tenía sólo quince años cuando redactó esa carta. Sin embargo, todos nuestros deseos de dejar Polonia resultaron en nada. Ninguna respuesta de México ni de Palestina.

Y luego estalló la guerra.

Janucá en casa de mi madre

Un gélido día invernal estábamos de camino al departamento de mi madre en la calle Modrzejowska. La nieve resplandecía bajo el brillo del sol. La naturaleza desplegaba su gloria, ignorando la miseria humana provocada por la guerra. Mark y yo avanzábamos deprisa por la nieve, tirando de Mirusia, que iba detrás en su pequeño trineo. Nos encontramos algunos policías judíos en calles que por lo demás estaban en silencio y casi sin gente. El espíritu del Janucá y de la Navidad no eran lo que solían ser antes de la guerra. De un momento al otro el trineo se volvió más ligero. Volteamos, y ahí estaba Mirusia sentada sobre un montón de nieve, con su abriguito de pieles, gritando:

—¡Mamá! ¡Tata!

Estaba jugando con la nieve y sus ojos centelleaban de alegría. La devolvimos al trineo y retomamos el camino a casa de mi madre.

Las velas de colores de Janucá adornaban la mesa festiva de mi madre. Percibimos el aroma de la cena que había preparado. El ganso al horno con *gribenes* crujientes (chicharrón de ganso) y los *latkes* recién fritos (panqueques de papa) sabían delicioso. Nos daba gusto ver a mi tía Luba con sus hijos más chicos, Fajgusia y Jankuś, que llegaron a la cena. Luba era mi tía favorita. Me gustaba estar con ella y escuchar las canciones que su padre le había enseñado. Era la hermana menor de mi madre; se parecían mucho y les era natural transmitir su calidez a quienes las rodeaban. Ambas tenían un cabello rubio que se había oscurecido con el tiempo, mientras sus ojos verdosos no perdían su brillo. Las dos tenían un profundo conocimiento del Talmud porque habían nacido en una familia rabínica erudita cuyas raíces se remontaban a varias generaciones. Mi madre nos había inculcado a nosotros, sus hijos, el espíritu y las tradiciones de nuestra herencia, y nos transmitió su respeto a la sabiduría y el intelecto de su padre, el venerado Jakub Orner, erudito talmúdico y rabino de Nasielsk, y de su madre Fajga, cuyos ancestros se remontaban a los rabinos de Biala y Sochaczew. Mi madre estaba especialmente orgullosa de su padre, y nos contaba sobre los libros y los comentarios que había escrito sobre el Talmud.

Los hijos de Luba jugaban con Mirusia en el piso con el tradicional *dreidel* de Janucá, una pirinola. Los niños se reían como locos cuando lo hacían girar y bailar. Entonces Fajgusia cargó a Mirusia en su regazo como una mamá chiquita y, quitándose el cabello rubio de la cara, comenzó a contarle una historia. Fajgusia tenía apenas cinco años, y Jankuś siete, y me rompió el corazón verlos ahora sin su padre. Los alemanes se lo habían llevado en la primera ronda y lo habían enviado a un campo de trabajos forzados. Luba lo llevaba con valentía, proveyendo ella misma para sus hijos. Mientras los veía jugar, pensé en lo afortunados que habíamos sido a su edad, porque habíamos disfrutado las libertades que ahora se les negaban a ellos. Sólo podían aprender lo que se les ofrecía en casa, mientras que nosotros habíamos tenido el privilegio del kínder, la escuela y tantas cosas más.

Con la vista puesta en las velas encendidas, y mientras les contábamos a los niños la historia de Janucá, repetíamos lo mucho que esperábamos otro milagro. Mi hermano Emil se puso a jugar con los niños más pequeños; les leyó una historia de Janucá que se encontraba en un libro infantil y respondió pacientemente sus preguntas. Yo pensaba en lo rápido que Emil, el menor de los seis hermanos, estaba creciendo. A sus catorce años era casi tan alto como Jakub, y empezaba a parecérsele en el físico y en el temperamento. Aunque era el bebé de la familia, no estaba mimado y siempre ayudaba tanto a nuestra madre como al resto de nosotros.

Mi hermana Regina estaba por irse con sus amigos, pero se aseguró primero de que, durante su ausencia, nos quedaríamos con nuestra madre. Alta y delgada, Regina llevaba un vestido de punto azul verdoso que se había hecho ella misma. Admiramos lo bien que le quedaba el color, igual al de sus ojos. Mania, nuestra hermana menor, con su cabello rubio, largo y adorable, tocaba la mandolina para nosotros, sus ojos brillaban con el placer de la música. Mientras tocaba, llegó Fajga, la nueva vecina de nuestra madre, y se nos unió para tomar café. Era una de las personas evacuadas de Oświęcim que había llegado a Będzin con sus padres y su hermana, y les habían asignado vivienda junto al departamento de mi madre. Fajga, una mujer joven y guapa con una sonrisa encantadora, se había encariñado con la familia y se sentía como en casa con su compañía. También ella tenía una hermana llamada Mania, una pelirroja con cara de muñeca, un par de hoyuelos, piel de porcelana y grandes ojos azules. Mania era tímida y se quedaba en casa con sus padres la mayor parte del tiempo.

Cuando conocí a los padres de Mania y Fajga, pude ver la tristeza en sus ojos. Fajga me contó que la razón era Szmulek, su único hermano varón, a quien los alemanes se habían llevado cuando entraron en Oświęcim. A Szmulek lo enviaron a un campo de concentración y desde entonces no volvieron a saber de él.

1941: el tercer cumpleaños de Mira

Luego de que los alemanes emitieran la orden final para expulsar a los judíos que aún quedaban en Oświęcim, nos llegaron rumores por medio de unos conductores polacos de trenes: en el lugar donde había estado la ciudad, los nazis estaban construyendo una nueva, llena de cuarteles para un campo de concentración. A partir de entonces, Oświęcim se conocería como Auschwitz.

Muy poco tiempo después, se establecieron grandes fábricas en Sosnowiec, Będzin y Dąbrowa Górnicza gestionadas por alemanes, la mayoría de los cuales lograban así evitar que los enviaran al frente de batalla. Estas nuevas fábricas se crearon con el equipo confiscado de fábricas judías, y emplearon a varios miles de judíos, hombres y mujeres, para producir uniformes y otras necesidades del ejército alemán. Los empleados recibían un *Sonder*, el permiso especial que supuestamente los protegería de la deportación a los campos de trabajos forzados. Aunque les pagaban una miseria, la mayoría lograba sobrevivir comerciando en el mercado negro o vendiendo sus pertenencias.

Las fiestas de Pésaj ya habían terminado cuando llegó el tercer cumpleaños de Mirusia, en abril de 1941. Ese día Mark y yo intentamos olvidar que la guerra seguía en pie. Mark conservaba su querida cámara y nos tomó fotos a Mirusia y a mí, pero en esa ocasión yo llevaba una banda blanca con la palabra *JUDE* («JUDÍO»), escrita. Habíamos hecho un álbum de fotos para Mirusia, y hojeamos las páginas una tras otra, complacidos al comparar los cambios en nuestra hija conforme pasaba de ser una bebé a una niña adorable, con cabello negro y unos ojos oscuros y expresivos. Su encanto atraía a la gente en la calle, que con frecuencia se detenía a admirarla y pellizcarle los cachetes rechonchos.

Al observar las fotografías tomadas justo antes de la guerra en el parque de Góra Zamkowa en Będzin, nuestro Castillo en la Colina, recordábamos los tiempos en los que éramos libres de ir adonde quisiéramos. En los días de calor, solíamos pasar muchas plácidas horas bajo la sombra de aquellos árboles inmensos, disfrutando de la dulce fragancia de la acacia, rodeados de cientos de árboles, arbustos y flores. Mark y yo nos sentamos alguna vez en el sendero de los amantes de ese parque a soñar con nuestro futuro juntos. Cuando nació nuestra hija, la llevamos colina arriba en su carriola por esos caminos llenos de viento.

En ese mismo parque, Mark le tomó una foto a Mirusia el día de su primer cumpleaños, de pie en las escaleras, agarrada del barandal. Exploramos el parque con ella, alegremente, mientras agarraba confianza para caminar. El parque siempre estaba rebosante de vida con los niños de escuela que visitaban las ruinas del famoso castillo de piedra de tres pisos de altura, que el rey Casimiro el Grande construyó como una fortaleza en el siglo XIV. Se encontraba rodeado por un altísimo muro de piedra, en el que solíamos jugar a las escondidas cuando éramos adolescentes.

Todos esos lugares ahora estaban prohibidos para los judíos.

Después de que Alemania atacara a Rusia en junio de 1941, la situación empeoró de un día a otro. No se nos permitía transitar por ciertas calles. Los judíos como nosotros, que vivíamos en una calle principal, tuvimos que tapiar la entrada del edificio y construir una en la parte de atrás. Luego nos prohibieron viajar en tren, tranvía o cualquier otro medio de transporte, y si queríamos salir de la ciudad, necesitábamos un permiso especial. En lugar de la banda blanca, ahora teníamos que coserle a toda nuestra ropa una estrella de David de color amarillo con la palabra *JUDE* en letras negras.

Los alemanes estaban ocupando más y más casas judías para traer a sus familias desde Alemania, y el *Judenrat* se veía obligado a confiscar muebles y otros bienes domésticos para los recién llegados. Un día fui a casa de mi madre y, cuando abrió la puerta, la noté perturbada. Entré a la habitación y me di cuenta de que los muebles se habían ido. Sólo quedaban dos colchones en el piso. De un momento al otro, el *Judenrat* había decomisado los muebles de su recámara para dárselos a una familia alemana. Afortunadamente, ese día no habían necesitado un comedor, así que mi madre decidió de inmediato que sería mejor venderlo en lugar de esperar a que se lo quitaran también. Ya se había puesto en contacto con un hombre llamado Żyłka, un antiguo cliente polaco de Owoc que estaba muy interesado en comprar sus muebles.

Izak

Como de costumbre, el departamento de mi madre estaba lleno de amigos de mis hermanas y hermanos. Y, por supuesto, hablábamos de la guerra, especulando cuánto más podría durar. La información que recibíamos llegaba sólo de boca en boca, atribuida a una radio extranjera clandestina que teníamos prohibido escuchar. Cada día nos preocupaba más nuestra seguridad, pero aun así nos aferrábamos a la promesa de que nuestras tarjetas *Sonder* nos protegerían de la deportación.

Mi hermano Izak, sin embargo, no creía en las promesas de los nazis. Había perdido toda esperanza y argumentaba que habían logrado lavar el cerebro de la mayoría. Sus estudios en el Liceo Judío de Fürstenberg se habían visto interrumpidos con el inicio de la guerra. Sin embargo, él conservaba el hambre de conocimiento y era un lector compulsivo. Más tarde nos dimos cuenta de que su atención la ocupaba un mapa de Europa, y asumimos que su interés en la geografía estaba relacionado con su colección de estampillas. Como Mark, Izak también trabajaba en Owoc para tener la protección de un *Sonder*, pero no le importaba mucho ese trabajo. Era cálido y relajado, aunque también muy independiente, y no le gustaba andar por la fábrica recibiendo órdenes de su hermano mayor. Había empezado a desarrollar una predilección por el comercio de aparatos eléctricos como una actividad a la cual podía dedicarse, y se puso a aprender sobre el tema por su cuenta.

Recuerdo que el día estaba inusualmente templado y salí al balcón de la casa de mi madre. Veía a Emil pasear a Mirusia frente a la casa, cuando Izak me alcanzó. Era obvio que algo lo perturbaba y le pregunté qué ocurría.

—¿No sabes lo que está pasando ahora? ¿Que los alemanes están preparando un gueto para nosotros? —me preguntó.

Me miró con firmeza y con los ojos tristes, y añadió con amargura:

—Yo no voy a dejar que me encierren en un gueto y voy a hacer lo que tenga que hacer para escapar y ser libre.

Luego me abrazó y susurró:

—Si tengo suerte, quizá pueda ayudar al resto de ustedes también.

Estaba atónita por las palabras de Izak y me preguntaba qué era lo que pensaba hacer con exactitud. Pero antes de que pudiera interrogarlo, añadió con rapidez:

—Ten paciencia.

Y de inmediato se fue a ver a su novia, Franka Grundman, que había sido su compañera en el liceo. Mis pensamientos se quedaron con él, y me alegró que mi madre no escuchara nuestra plática en el balcón.

En la noche, Mark y yo estábamos sentados cerca de donde nuestra hija dormía profundamente. Un aire fresco inundaba la recámara. Había caído la noche, pero no encendimos las luces. Hablábamos en voz baja, preguntándonos cuánto tiempo nos permitirían los nazis quedarnos en el departamento, que estaba ubicado en Małachowskiego, una calle principal de Będzin. Sólo teníamos seis años de habernos establecido ahí, justo después de casarnos. Lo habíamos convertido poco a poco en nuestro hogar. Mark y yo habíamos elegido juntos cada mueble, cada olla y cada sartén, cada pieza de porcelana y de cristal. A ambos nos había causado emoción y orgullo ir llenando nuestra casa. Y a tres años de nuestra boda, con los días soleados de la primavera, había llegado nuestra hija para iluminar a todos con la luz del sol.

Contemplando nuestro alrededor, empezamos a hacernos una pregunta, inspirada por la súbita decisión de mi madre de vender los muebles de su comedor: ¿de qué nos servía aferrarnos a posesiones que los alemanes podían arrebatarnos cualquier día? Yo tenía veintiséis años, Mark veintinueve, y Mirusia tenía apenas tres, y lo único que nos importaba era la supervivencia; se había convertido en nuestra obsesión. Con el impulso del momento, decidimos vender nuestros muebles en vez de esperar a que los nazis los confiscaran. Al día siguiente contacté a Pan Żyłka, el hombre que le había comprado los suyos a mi madre. Cuando vio la recámara y el comedor de nogal, le gustaron tanto que aceptó el precio propuesto de inmediato. El dinero lo invertimos rápidamente en monedas de oro, que entonces eran más útiles que el efectivo. Luego pasamos un buen rato eligiendo un nuevo escondite para las monedas y algunas otras posesiones valiosas.

Cuando ya no estuvieron los muebles, nos sorprendió lo acogedor que se veía el lugar una vez que lo reacomodamos con lo que quedaba. Nuestras plantas florecían en sus macetas sobre el alféizar bañado de sol, y un aire fresco entraba entre las delicadas cortinas. Cubrimos la mesa de la cocina con un mantel y le pusimos encima un florero con margaritas blancas. En un rincón acomodamos la silla de juegos de Mirusia, con juguetes y libros, y no muy lejos colocamos un enorme baúl con nuestras pertenencias personales, cubierto con un tapiz estilo gobelino que mi madre me regaló en un cumpleaños. Del lado opuesto de la habitación principal pusimos un sofá cubierto con una alfombra turca que nos había dado mi suegra, complementado con varios cojines que yo había hecho a mano. Las paredes las decoraban agradablemente unas cuantas acuarelas y un paisaje bordado. En la recámara colocamos para nosotros la cama de la empleada doméstica y la cuna con un tapete encima, que yo hice cuando nació Mirusia. Nuestra casa nos complacía, pero, sobre todo, nuestra voluntad de vivir y nuestro amor mutuo nos daban la fuerza para afrontar lo que viniera.

Un día, a principios de agosto de 1941, nos despertó el tintineo de la campanilla de la puerta. Mi hermano Emil estaba afuera y, por su aspecto, era evidente que algo andaba mal. Se quedó callado un momento, y luego dijo que Izak había desaparecido desde el día anterior y sospechaban que había huido de Będzin. En mi mente, regresé a la conversación que había tenido con Izak en el balcón. Durante algunos días de agonía buscamos a Izak sin que nadie lo hubiera visto ni hubiera oído nada de él, ni siquiera su novia Franka. En la cara de mi madre se reflejaban sus noches sin dormir y tenía los ojos cargados de tristeza.

Al fin, varios días después, llegó una postal de Katowice. Izak escribía que se encontraba bien, que estaba camino a Viena y que no debíamos preocuparnos por él. La carta confirmaba que de verdad había huido. Sospechábamos que había mantenido contacto con algún grupo clandestino y que probablemente había obtenido documentos falsos que lo hacían pasar por polaco. Transcurrieron algunos días más y recibimos una segunda carta desde Viena en la que decía que estaba viendo una función en la Ópera Estatal de Viena. Estábamos atónitos de que hubiera sido capaz de viajar tan lejos y nos impresionaba su valentía, aunque debió haberle ayudado también el hecho de que no parecía judío.

Un día llegó una postal de Karlsruhe y, cuando revisamos el mapa, nos dimos cuenta de que su destino era Suiza. Lo íbamos siguiendo con la mente y rezábamos para que pudiera cruzar a salvo la frontera. Sin embargo, pasaron días y luego semanas sin tener cartas de Izak. Empezamos a temer por él, pero nos convencimos, a nosotros mismos y a mi madre, de que la suerte de Izak se mantendría y que lograría cruzar la frontera sin problemas.

Nunca voy a olvidar el día, unas semanas después, en que mi madre recibió una carta del campo de concentración de Buchenwald. Firmaba como remitente un prisionero ruso, pero la había escrito Izak. Las SS lo habían arrestado justo antes de cruzar a Suiza.

Sufrimos la desgracia de Izak un largo tiempo. Seguían llegando cartas suyas, firmadas con distintos nombres rusos. Los propios rusos no tenían permitido enviar correspondencia a Rusia. Todas las cartas pasaban por la censura y teníamos que leer entre líneas para descubrir lo que Izak quería decirnos. A veces no podíamos descifrar a qué se refería. Pero entendíamos que necesitaba comida y ropa para soportar el frío, así que mi madre le mandaba paquetes dos veces al mes; para armarlos, juntábamos comida, botas, suéteres y bufandas de lana tejida, además de cualquier cosa que creyéramos que pudiera ganarle favores con los *Kapos*[4] del campo de concentración. Confiábamos en que al menos algunas de las cosas que le enviaba mi madre en verdad le llegarían.

Hablábamos con frecuencia de Izak y su heroico intento de escapar, de su planificación y su valentía. Tenía apenas dieciocho años, y abrigábamos la esperanza de que su juventud y buena salud lo ayudaran a sobrevivir.

Una de las cartas de Izak trajo consigo una gran alegría para Fajga, la vecina de mi madre, y su familia de Oświęcim: su querido Szmulek estaba vivo. Izak lo había encontrado en Buchenwald y le había dado noticias de sus padres y sus hermanas Fajga y Mania, que eran todos vecinos de mi madre en Będzin.

Después de eso, todas las cartas de Izak estaban llenas de dolor. Podíamos percibir entre líneas el horror de su cotidianidad, y la agonía del hambre, de los largos días de arduo trabajo y poco sueño, de las horas interminables de estar de pie en el fango esperando el pase de lista y del esfuerzo de caminar con zapatos de madera padeciendo el lodo y la nieve del invierno. Su ración diaria de alimentos, por la que tenía que formarse durante dos horas, era una rebanada de pan y un recipiente de sopa aguada. Dormía en un costal de paja que no se cambiaba nunca. Los prisioneros se turnaban para trabajar y dormir, por lo que ni siquiera podía decir que el costal de paja fuera suyo. Los piojos y las pulgas le estaban chupando la

---

[4] Los *Kapos* eran prisioneros de los campos nazis a los que los guardias de las SS les asignaban la supervisión de otros prisioneros durante los trabajos forzados. Este sistema minimizaba los roces entre prisioneros, reducía costos y permitía que los campos funcionaran con números relativamente bajos de personal de las SS. [Nota de la edición en inglés].

sangre. Nos hizo saber que a veces cantaba la canción ídish *Mein yiddishe Mame* en voz baja, para sí mismo:

Mi mamá judía, te necesito ahora más que nunca.
Qué mal la estoy pasando hoy sin ti.
Mi mamá judía, quiero besar tu frente llena de arrugas.
Anhelo tomarte nuevamente de las manos.
Y te pido perdón por las cosas que hice y que te hicieron llorar.

La primera mundanza

Una noche, Mark y yo estábamos jugando con Mirusia a construir casas y puentes con bloques. De pronto, nos sorprendieron las campanadas y los golpes continuos en la puerta. Apenas abrimos, entraron varios hombres de las SS con las armas desenfundadas. Un escalofrío me recorrió el cuerpo mientras comenzaban a registrar y saquear nuestro departamento. Mirusia estaba aterrada, aferrándose tanto a Mark como a mí. Luché por controlar mi miedo cuando abrieron la puerta de la alacena, donde guardábamos las reservas de comida y escondíamos en un tarro tanto el dinero como la joyería. Pero no encontraron nada de interés y se marcharon con un portazo, lanzando gritos de «*Verfluchte Juden!*», «¡Malditos judíos!». Más tarde nos enteramos de que esos mismos hombres les habían robado el dinero y las joyas a algunos de nuestros vecinos.

Días después se ordenó el desalojo de todos los habitantes del edificio del número 36 de la calle Małachowskiego. Había que evacuar rápido los departamentos para que pudieran mudarse familias alemanas. El *Judenrat* le asignó a cada familia judía un nuevo vecindario. Afortunadamente no tuvimos que compartir habitación con otra familia, como fue el caso de muchos. Recibimos una habitación sólo para nosotros en la calle Podjazie, que estaba a una distancia caminable de la casa de mi madre.

La mudanza fue fácil porque no nos quedaba mucho que empacar. Pero nos topamos con algunas cosas de valor sentimental que queríamos y conservamos: una raqueta de tenis, una mandolina, la armónica que Mark disfrutaba tocar antes de la guerra. Los zapatos para escalar que usábamos cuando íbamos a las montañas Beskides antes de casarnos. Los álbumes fotográficos que hice yo, forrados con lino inglés y que decoré con románticos paisajes y rosas. El álbum de Mirusia con sus cubiertas grabadas a mano, repleto de las numerosas fotos que Mark le tomaba desde que nació. Sus diminutos patines de hielo, que aún no había tenido la oportunidad de usar. Todas esas cosas, junto con nuestras piezas de porcelana, de cristal y de plata, las empacamos en baúles y maletas. Dejamos la casa en la que había nacido nuestra hija con la esperanza de que la guerra terminara pronto y pudiéramos regresar.

El nuevo lugar que nos asignaron resultó ser una alegre habitación en un primer piso. Nos acomodamos apenas llegamos. Muy temprano el sol solía llenarla de luz y por la ventana abierta entraba la brisa de un prado cercano. Mientras hacía las labores del hogar, veía a Mirusia jugar afuera con su muñeca y su carriola. Muy seguido Emil venía a visitarnos para llevarse a Mirusia a dar un paseo. En los días templados nos reuníamos con mi amiga Mania y su bebé Kasriluś, nacido el primer año de la guerra. Era un niñito adorable, con ojos muy oscuros, cabello rizado y una piel olivácea que era la copia de la de su madre. Mania y yo éramos amigas cercanas desde la escuela. Rememorábamos los tiempos en que nos vestíamos de gitanas con las faldas largas y las blusas de nuestras abuelas, además de muchos collares de cuentas y corales; cuando nos poníamos máscaras para ir a la celebración de Purim de la escuela y ni siquiera nuestras amigas Estera, Lola y Mancia nos reconocían. Pero luego, apenas empezábamos Mania y yo a hablar del presente, el humor cambiaba y nos invadía la preocupación por lo que traería el día siguiente.

Desde que nos mudamos a nuestra nueva residencia, Mark, Mirusia y yo íbamos todos los días a visitar a mi madre. Cuando nos veía a los tres juntos, el rostro se le iluminaba y ocultaba la tristeza que no la abandonaba desde que recibió las noticias de la captura de Izak. Llegaban cartas suyas con frecuencia, con mensajes en los que nos alertaba sobre la necesidad de hacer algo por nuestra seguridad antes de que fuera demasiado tarde. Pero lo que enfrentábamos entonces era una situación sin esperanza, sin un lugar adonde ir.

Los meses finales de 1941 no fueron buenos. Nuestras esperanzas disminuían conforme nos enterábamos de las noticias por medio de la gente que estaba en contacto con los grupos clandestinos de judíos. Nos contaban que el ejército alemán avanzaba hacia Rusia con rapidez. Poco después, los nazis comenzaron a confiscarle a los judíos todos sus abrigos de piel, y ningún judío se atrevió a usar uno en público durante ese invierno. Aunque algunos habían logrado esconderlos de inmediato entre sus amigos polacos o los vendieron apenas a tiempo, muchos otros los perdieron en manos de los alemanes. Cuando llegaron los días más fríos del invierno, con sus vientos borrascosos y su nieve, Mark y yo lamentamos que Mira no pudiera calentarse con el abriguito que yo le había hecho con la tela de mi chaqueta de piel.

1942: Mira cumple cuatro años

Los meses fríos de principios de 1942 terminaron al fin, y los árboles empezaron a echar flor. La guerra llevaba ya casi tres años, pero tratamos de ignorar ese hecho para disfrutar el cuarto cumpleaños de nuestra hija. Aunque poco a poco los nazis nos habían quitado nuestras libertades y posesiones, nos aferrábamos a un ánimo de esperanza. Mark ya no tenía su querida cámara Leica, pero pudimos continuar la tradición de celebrar a Mirusia tomándole fotos en el estudio de Goldzweig, que aún contaba con permiso para operar en la ciudad a pesar de que su propietario era judío.

En las fotografías de ese día, nadie aparece sonriendo. Sin embargo, en ese momento no podíamos imaginar que ésas serían las últimas fotografías que nuestra familia iba a tomarse en Będzin.

El campo de tránsito *Dulag*

La demanda de judíos en los campos de concentración incrementó y el *Judenrat* se vio obligado a hacer el trabajo de los nazis. Emitieron una nueva orden para que todos los judíos en edad de trabajar y que estuvieran desempleados se registraran de inmediato. Pero casi nadie estaba dispuesto a hacerlo voluntariamente, así que por las noches se envió a la policía judía a cazar a jóvenes judíos. Resultaba patético verlos ayudar a mandar a su propia gente a los campos de trabajos forzados.

Pronto llegó una nueva orden: se registraría a todos los varones judíos. Como nos dijeron que se trataba de una mera formalidad, Mark, Jakub y muchos otros hombres que sí tenían un empleo fueron a registrarse de buena fe. Hacia la tarde comenzamos a inquietarnos porque veíamos regresar a otros hombres del registro, pero no había señales de Mark ni de Jakub. Luego, para nuestra conmoción, supimos por medio de un policía judío que fue a vernos que a Mark, Jakub y a muchos otros los habían enviado al *Dulag*, un campo de tránsito cerca de Sosnowiec. Sólo habían liberado a los que trabajaban para el ejército alemán. A otros, cuyos empleos no se consideraron lo suficientemente importantes, los llevaron al *Dulag*, desde donde serían enviados a los campos de trabajos forzados.

Nos alarmamos aún más cuando el *Treuhänder* Schotte, el fideicomisario alemán que había relevado al *Treuhänder* Reiner en la administración de Owoc, nos dijo que había intentado hacer que liberaran a Mark y a Jakub porque trabajaban para él, pero no había tenido éxito. Schotte era miembro del partido nazi y había regresado del frente ruso con una oreja a la mitad.

La primera vez que lo vimos, de un metro noventa y dos y con su uniforme de las SS, nos dio miedo, pero con el tiempo los empleados se acostumbraron a su presencia e incluso mostró una amabilidad particular hacia Jakub. Sin embargo, ahora tenía las manos atadas. En cuanto mi hermana Regina y yo lo escuchamos, fuimos directamente al *Dulag* en Sosnowiec, pero lo encontramos demasiado resguardado y, como no pudimos saber nada más, tuvimos que volver a casa.

Cuando regresamos, la madre de Mark estaba esperándonos frente a su casa con un joven, a quien nos presentó como Józek de Sosnowiec, yerno de un cliente y amigo de muchos años. Había oído del arresto de Mark y de inmediato había venido a ofrecer su ayuda. La madre de Mark estaba llena de esperanza porque Józek era amigo de Moniek Merin, el jefe del *Judenrat* no sólo de Będzin sino de toda la región.

Józek me pidió que fuera a su casa en Sosnowiec al día siguiente. Sus suegros me acogieron y su hospitalidad y compasión me conmovieron. Trataron de consolarme y me aconsejaron esperar a su yerno, que había ido a ver a Moniek Merin en nuestro nombre. Varias horas más tarde, Józek volvió con la noticia de que Merin sólo podía lograr la liberación de una persona a la vez y tendríamos que decidir a quién ayudar. Regresé a Będzin con sentimientos encontrados para discutirlo con mi madre. Jakub era el único soporte de la familia desde la muerte de nuestro padre. Y, sin embargo, mi madre insistió en que debíamos liberar a Mark primero.

Al día siguiente le di la respuesta a Józek, que se la informó a Moniek Merin, y Mark quedó libre de inmediato. Nos contó que Jakub también había insistido en que lo liberaran a él primero, porque era más viejo y tenía una hija. Mark salió muy a su pesar, preocupado por haber dejado atrás a Jakub. Todos temíamos que Jakub siguiera en peligro, ya que con frecuencia partían transportes del *Dulag* hacia diversos campos de concentración. Decidí no volver a casa y, en cambio, me quedé en Sosnowiec para estar cerca de Józek, que nos prometió no dejar de trabajar para que Jakub fuera liberado lo antes posible. Entre más se acercaban la noche y el toque de queda, más tensa e impaciente me ponía. Józek había salido de nuevo y su esposa, notando mi ansiedad, me sugirió quedarme a dormir en su casa. Estábamos jugando con su bebé cuando Józek regresó, totalmente sonriente. ¡Había logrado la liberación de Jakub! Entonces fue un gozo pasar la noche con ellos, sabiendo que Jakub ya era libre.

Estaba durmiendo profundamente cuando me despertaron de pronto el ruido y el alboroto. Los de la casa me apresuraban para que volviera cuanto antes a Będzin, porque la Gestapo estaba haciendo una ronda en busca de judíos en Sosnowiec. Me vestí tan rápido como pude y corrí por la calle. La gente iba deprisa, en todas direcciones, buscando dónde esconderse. En medio del terror, advertí que se acercaba una ambulancia. De inmediato detuve al conductor, a quien reconocí, y le ofrecí dinero para que me llevara a Będzin. Para no perder tiempo, me empujó debajo de la cama de emergencias. Temblando de miedo, dejé atrás esas calles mientras los alemanes se aproximaban y acordonaban el vecindario.

Casualmente, era el mismo conductor que me había llevado a Będzin apenas unas semanas atrás, después de que tuve un aborto en el consultorio de un doctor de Sosnowiec. Aunque Mark y yo teníamos muchas ganas de tener otro hijo, los peligros de tenerlo en esos tiempos nos disuadieron.

Cuando llegué a Będzin y caminé hacia la casa de mi madre, vi a Mark y a Jakub juntos, mientras mi madre lloraba de felicidad. Sentí que un peso enorme se me quitaba de encima. Pero al día siguiente llegaron las malas noticias de la familia de Józek y sus suegros. A su esposa, al bebé y a los padres de ella los había detenido la Gestapo justo después de que dejé su casa. Los habían llevado directamente a Auschwitz. Ninguna persona, ni siquiera Moniek Merin del *Judenrat*, podía echar mano de su influencia para liberar a nadie una vez que estaban en camino. Józek no estaba en casa, y tanto él como muchos otros judíos de Sonsnowiec se quedaron sufriendo sus trágicas pérdidas.

Tras la liberación de Mark y Jakub, dejamos de tener confianza alguna en que las tarjetas de trabajo de Owoc bastarían para protegerlos de la deportación. Mark se puso a buscar otro empleo y lo aceptaron en una empresa alemana que reparaba partes de aeronaves para la Luftwaffe,[5] partes que provenían de aviones que habían sido derribados. Pasadas unas semanas Mark ya era capataz y se sentía más seguro trabajando para esa compañía, en especial porque el dueño, *Herr* Tönskämper, parecía sentir agrado por él y apreciaba su trabajo. Aunque era miembro del partido nazi, Tönskämper era un hombre liberal y trataba de proteger a su personal judío de la deportación a los campos de trabajos forzados. Con frecuencia, cuando se esperaba alguna ronda, Mark, Mirusia y yo, junto con otros de sus empleados judíos, nos escondíamos en su fábrica. A veces, sin que él se enterara, pasábamos ahí la noche en el piso desnudo.

Nuestra vida se volvió una lucha constante por existir. Continuamente, los alemanes le exigían al *Judenrat* proveer hombres y mujeres jóvenes para los campos. Se emitían listas para la policía judía, que tenía que salir a buscarlos de noche. Dawid, el hermano de Mark, trabajaba para el departamento laboral del *Judenrat* y sus colaboradores solían darle de antemano información sobre las rondas. Él, a su vez, nos avisaba cuanto antes a nosotros, e íbamos a escondernos en casas polacas o en fábricas mientras pasaba la ronda, o la *Aktion*, como le decían. Entretanto, las SS continuaban su eterna exigencia de nuestro dinero, joyas y otras posesiones valiosas, así que la gente las ocultaba en sótanos, detrás de las paredes, en sus estufas grandes y revestidas de azulejo, o las llevaban consigo a todas partes.

Jakub siguió trabajando para la fábrica, pero con el tiempo las reservas de jarabe se agotaban y no llegaban nuevas provisiones, así que el *Treuhänder* Schotte decidió liquidar la fábrica y transferir las máquinas y el inventario a un complejo en Małobądz. Dicho complejo de edificios fabriles le había pertenecido a una familia judía de apellido Potok. Era la familia más rica de Będzin

---

[5] La fuerza aérea alemana durante la época nazi. [N. del T.]

y, antes de la guerra, producía margarina con el nombre comercial de Potocol. El *Treuhänder* Schotte fusionó la fábrica de mi madre con una vinatería que le había pertenecido a unos judíos de apellido Alter, junto con una fábrica de vinagre que antes era de un polaco apellidado Salski. Pero la nueva fábrica no empleaba a judíos.

Antes de abandonar la antigua sede de Owoc, Schotte trató de convencer a Jakub de escapar. Trató de hacerle ver que su apariencia era mucho más aria que judía. Y tenía razón. Jakub era alto y delgado, con una nariz recta y cincelada, delicados ojos verdes y cabello rubio cenizo. No se veía «semítico» en modo alguno. Aunque Schotte era miembro del partido nazi, le había tomado aprecio a Jakub, y le dijo extraoficialmente que pronto nos trasladarían a todos a un gueto, y que más le valía hacer algo por su propia seguridad antes de que fuera demasiado tarde. Pero Jakub no abandonaba la esperanza de que pudiera sobrevivir toda la familia junta y no estaba listo para pensar sólo en sí mismo.

Rossner

Tras la liquidación de Owoc, Jakub obtuvo la preciada tarjeta de trabajo *Sonder* cuando le dieron empleo como guardia en la fábrica del *Treuhänder* Alfred Rossner, en la que nuestra hermana Mania ya estaba trabajando. Alfred Rossner, que había llegado a Będzin desde Alemania, empleó a muchos sastres, costureros y encargados de cortes y acabados para producir uniformes militares y otras prendas esenciales para la *Wehrmacht*.[6] Además, había abierto una fábrica de zapatos y un departamento de pieles en el que encontraron trabajo muchos judíos. Su despacho lo administraban experimentados contadores, gestores y mecanógrafos judíos, todos bajo supervisión alemana. Con la expansión de la guerra después de que Alemania invadiera Rusia y la creciente demanda de uniformes, el negocio de Rossner tuvo mucho éxito y él prosperó. Cada día llegaban vagones llenos de tela y, en muy poco tiempo, Rossner había empleado ya a siete mil judíos, hombres y mujeres. Se había organizado un cuerpo de policía privado para cuidar y mantener en orden las fábricas, y Jakub se unió a él en ese momento.

Entre los judíos locales, Alfred Rossner tenía la reputación de ayudar a sus empleados y a la población judía necesitada. Cuando las rondas atrapaban a alguno de sus trabajadores, éstos quedaban libres por intervención suya porque era capaz de

---

[6] Literalmente «fuerza de defensa», *Wehrmacht* era el nombre de las fuerzas armadas unificadas de la Alemania nazi. [N. del T.]

persuadir a las autoridades de que eran artesanos habilidosos e irremplazables.

Rossner llevó a sus amigos desde Alemania para trabajar con él en sus fábricas, y también ellos hicieron dinero, a veces vendiendo las telas en el mercado negro. Otros alemanes abrieron fábricas de envergadura similar en nuestra área, como Braune, Leutsch, Schön y Michatsch; éstas, de igual modo, emplearon a miles de trabajadores, entre ellos judíos. Sin embargo, a esas alturas, para los judíos se había vuelto muy difícil obtener un empleo en dichas fábricas. Se debía sobornar a alguien a cargo para conseguir la tarjeta *Sonder*, que supuestamente protegía de la deportación no sólo al trabajador sino a toda su familia.

12 de agosto de 1942: la selección

De pronto comenzamos a ver nuevos anuncios pegados por toda la ciudad, firmados por la Gestapo, que ordenaban a la población judía de Będzin reunirse en el espacio deportivo llamado Hakoach para una revisión de identificaciones. Aunque el *Judenrat* nos aseguró que volveríamos a nuestras casas una vez que nos sellaran las credenciales, nos costaba trabajo confiar en ellos. Pero no teníamos opción. Cada familia judía se preparó para ese día con la esperanza de que se tratara sólo de una formalidad, como había prometido el *Judenrat.* A nadie se le ocurrió quedarse en casa porque el *Judenrat* anunció que quienes lo hicieran serían enviados a Auschwitz.

Al fin llegó la fecha que ansiábamos dejar atrás. El miércoles 12 de agosto nuestra familia se despertó muy temprano. Observamos cómo hombres, mujeres y niños avanzaban por las calles en grupos pequeños, mientras que muchos de los ancianos y los solteros iban solos. Parecía que todos los judíos se dirigían hacia el espacio deportivo, algunos de ellos cargando cobijas y comida para todo el día. Mientras nos acercábamos a la enorme puerta a la que se llegaba por la calle Kosciuszko, veíamos en todas partes soldados con cascos y armas de fuego. Su presencia nos hizo dudar de la verdadera razón para reunirnos ahí.

El campo estaba lleno de lo que parecía la gran mayoría de la comunidad judía de Będzin, y sólo la policía se había quedado afuera para vigilar un pueblo fantasma. Estuvimos esperando de pie mientras se alargaban las horas. Nos habíamos registrado en la mesa del *Judenrat* y aun así seguíamos aguardando, sin saber bien qué. Llevábamos sin poder sentarnos desde la mañana y el cansancio aumentaba. A Mirusia la llevábamos cargada, pero luego se nos cansaron los brazos y Mark la cargó en los hombros. Tras ocho horas de calor y sol abrasador, sin agua y turnándonos para cargar a Mirusia, nos sentíamos incómodos y desesperados. Mi hermano Jakub se nos acercó para preguntarnos cómo estábamos, y luego llegó Dawid, el hermano de Mark, para decirnos que esperábamos a Kuczynski, el oficial local de las SS.

Por la tarde aparecieron algunas nubes en el cielo, que ocultaron el sol ardiente y nos aliviaron del calor, pero poco después un viento de tormenta trajo una densa lluvia. Incapaces de dejar nuestros lugares, todos nos empapamos en segundos. Afortunadamente, la lluvia no duró y la ropa empezó a secarse sobre nuestros cuerpos; sin embargo, el lodo sobre el que estábamos parados no se iba, y los niños y los ancianos, exhaustos de aquel largo día, tuvieron que sentarse sobre el campo fangoso. Las madres no podían evitar que sus bebés lloraran. En medio de esa escena, nosotros tres continuamos de pie sobre los charcos de lodo hasta que al fin escuchamos que a quien habíamos estado esperando era la Gestapo, que acababa de llegar. Nos ordenaron acercarnos, pero había miles de personas enfrente y era difícil saber qué era lo que estaba ocurriendo. Las filas se movían despacio, todo el mundo se sentía inquieto y nervioso y la policía trataba de mantener el orden.

Cuando quedó claro que la Gestapo estaba llevando a cabo una selección, cundió el pánico: no importaba qué clase de identificación tuvieras, te iban a enviar «a la izquierda» o «a la derecha». Se tardaron horas. La gente suplicaba ayuda, se desmayaba de cansancio y de hambre, y los niños gritaban y lloraban de sed. Cayó la noche y la selección continuó bajo el brillo de las lámparas. Nos aterraba comparecer ante la Gestapo en ese estado de agotamiento y suciedad. Sin embargo, Dawid y Jakub se nos acercaron y nos motivaron a no preocuparnos, ya que llevábamos nuestras tarjetas *Sonder*. A la policía judía le habían dado bandas para los brazos y les asignaron mantener el orden durante el proceso, así que eran libres de moverse por el campo. Dawid nos dijo que sus padres y su hermana Różka ya estaban en casa, y que mi madre, Regina, Mania y Emil acababan de irse también. Esas buenas noticias nos dieron algo de tranquilidad y de esperanza para nosotros mismos.

Aunque avanzáramos lentamente entre la multitud exhausta, con el peso de nuestros hijos en los brazos, era importante llegar ante la Gestapo frescos y saludables. Mientras nos acercábamos a los oficiales alemanes, veíamos que enviaban a alguna gente a la derecha, libre de irse a casa, pero a la izquierda había un cúmulo de gente anciana y enferma, así como madres con niños, todos ellos marchando asustados, uno detrás del otro, hacia lo desconocido. Era un paisaje horrible, esos hombres, mujeres y niños indefensos rodeados por los oficiales armados de la Gestapo y de las SS. Algunos trataban de escapar hacia la derecha. Sólo unos pocos lo lograban. A los otros les disparaban a muerte.

Cuando llegó nuestro turno, vieron nuestras tarjetas de trabajo y nos indicaron que fuéramos hacia la derecha. Corrimos fuera de ahí tan rápido como pudimos hacia donde nos esperaban Jakub y Dawid. Dejamos atrás a la Gestapo, que en ese momento decidía el destino de miles de judíos inocentes.

Como no sabíamos qué había sido del resto de nuestros familiares y amigos, pasamos una noche tormentosa. El amanecer se sintió como el día posterior a un pogromo.[7] Cada una de las familias judías estaba de luto. Muchas de ellas habían desaparecido completas. Las pérdidas eran enormes. Nunca volvimos a ver a nuestra querida tía Luba ni a sus hijos Fajgusia y Jankuś, ni al tío Nuchem Abraham Orner y a la tía Hendele, a cuyo hijo Henoch ya lo habían enviado antes a un campo de trabajos forzados. Tampoco estaban ya Rojza y Leibish, tíos de Mark, y los hijos de ambos.

El horror tardó varios días y varias noches en desplegarse por completo. A los ancianos y los niños los habían mandado a Auschwitz-Birkenau, mientras que a los hombres y las mujeres

[7] Palabra rusa que refiere a una manifestación organizada y violenta que culminaba con la masacre y la expulsión de los judíos que vivían en una ciudad de Rusia o de Europa del Este. [Nota de la edición en inglés].

jóvenes los destinaron a campos de trabajos forzados. Como había escasez de transporte, algunos tuvieron que esperar, vigilados por hombres armados de las SS. Un grupo de jóvenes judíos logró rescatar a algunas de esas personas, que estaban cautivas en un edificio, quitando ladrillos de la pared de un edificio adyacente. Mientras tanto, ciertos miembros del *Judenrat* se ocuparon en entretener con numerosas botellas de vodka a los hombres de las SS que tenían asignada la vigilancia de los futuros deportados.

Luego de la tragedia de la Selección de Agosto, la vida continuó con los terrores cotidianos. Casi todas las familias siguieron padeciendo pérdidas en las constantes rondas. Al mismo tiempo, los nazis comenzaron la *liquidación* de poblaciones judías enteras en el área de Polonia central, a la que llamaron *Generalgouvernement* (Gobierno General) y que aún no estaba anexada a Alemania.[8] Nosotros nos encontrábamos en la parte occidental del país, que el *Reich* alemán había anexado justo después de la invasión, y desde ese entonces muchas familias judías que habían huido de la región del Gobierno General de la Polonia no anexada buscaban refugio en nuestra área. Esos fugitivos contaban historias aterradoras del cierre y liquidación de los guetos, así como de la deportación de todos los judíos a campos de exterminio en Treblinka y Majdanek. A nosotros nos costaba creer esos relatos tan pesadillescos, y para ese momento habíamos perdido el contacto con familiares y amigos que vivían en el área del Gobierno General. En adelante, Mark no supo nada de sus parientes en Kielce, Varsovia y Łódź, y yo no volví a oír de mis contactos en Wyszków, Białystok o Węgrów.

---

[8] El exterminio masivo de la población judía de Europa comenzó el 16 de marzo de 1942 en el área central de Polonia, conocida como el Gobierno General, que Alemania había ocupado pero que aún no había anexado a su territorio. Desde entonces y hasta noviembre de 1943, los alemanes asesinaron cerca de dos millones de judíos, tanto polacos como de otros países europeos. Antes de su derrota en mayo de 1945, la Alemania nazi mató a dos tercios de los 9.5 millones de judíos que vivían en Europa. [Nota de la edición en inglés].

Arrestan a Mark

Una noche, no mucho tiempo después de la Selección en el estadio Hakoach, tocaron nuevamente a la puerta antes del amanecer. Sentí un sudor frío mientras abría y descubría frente a mí a dos *Schupos*, la policía civil alemana. Entraron a la casa y le dijeron a Mark que tenía que vestirse porque estaba bajo arresto. Cuando les preguntamos por qué, contestaron que pronto nos enteraríamos. Yo estaba en *shock*, y nuestra hija estaba aterrorizada de ver a la policía alemana llevarse a su padre.

Mirusia y yo nos quedamos solas, aferrándonos una a la otra en medio del temor, esperando la luz del día para tener permiso de salir a la calle. En cuanto amaneció, corrimos a casa de mi madre. Al vernos llegar tan temprano, supo que algo malo había pasado. Trató de calmarme, pero tanto ella como mis hermanas y hermanos estaban desconcertados por el arresto de Mark.

Nos pusimos en contacto con Berliner y Szwert, habitantes de un pueblo vecino de Dąbrowa Górnicza, a quienes nos habían recomendado porque tenían contactos entre los *Schupos*. Cuando les contamos lo ocurrido, nos pidieron dinero para pagar los sobornos necesarios para saber por qué habían arrestado a Mark y para tratar de liberarlo.

El día siguiente comenzó muy mal: Berliner y Szwert me dijeron que a Mark lo habían transferido, junto con otro joven llamado Alek, a una cárcel de una ciudad cercana llamada Katowice. Les explicaron que, hacía algún tiempo, Mark le había vendido a Alek láminas de acero, quien a su vez se las había vendido a un traficante polaco. El traficante transportó el acero hacia el área del Gobierno General escondido bajo un montón de carbón. Como los *Schupos* no habían podido atraparlo, arrestaron a Alek y a mi marido para sacarles más información sobre él.

Pasaron varios días mientras esperábamos con miedo. Luego uno de los hombres me explicó que ya no podían ayudarme porque el caso de Mark había pasado a manos de la *Zollverhandlungsstelle*, la oficina aduanal de Katowice, en donde no tenían ningún contacto. Esta nueva y más peligrosa situación provocó un caos en mi cabeza e iba de un lado al otro, una y otra vez, tratando de encontrar a alguien que tuviera algún contacto en la oficina aduanal.

Pero no tuve suerte. Después, por medio de un amigo llamado Josele, conseguí un permiso para ir a Sosnowiec, desde donde logré contactar a otro amigo nuestro, Józek Gottlieb, que accedió a presentarme a Moniek Marin, el jefe del *Judenrat*. Cuando finalmente conocí en persona al líder judío de nuestra región, no podía creer la vitalidad y el impulso demoniaco que llevaban a ese hombrecito a seguir su convicción de salvar a los judíos de los nazis a costa de la vida de otros judíos. Estaba cegado, no podía ver que mientras lo necesitaran no era más que un instrumento en manos de los asesinos nazis. Me dijo que haría todo lo posible por ayudarme, porque nos había presentado su buen amigo Gottlieb. A los pocos días, recibí un mensaje suyo. Decía que lo lamentaba mucho, pero que no había podido ayudarme.

Llegaron noticias de que Alek estaba en Auschwitz. Me daba escalofríos pensar en lo que estaba enfrentando mi esposo. Su situación parecía no tener esperanza. Y el recuerdo de dos jóvenes colgados en una calle de Będzin como castigo por realizar actividades prohibidas para los judíos me atormentaba día y noche.

En estas circunstancias de desesperación, otro amigo me recomendó un abogado judeoalemán, un hombre llamado Borenstein que vivía en Sosnowiec. Aunque estaba muy nerviosa, acordé inmediatamente una cita con él, y nos reunimos en un café de Sosnowiec. Después de vaciar frente a él toda la amargura de mi corazón y el miedo de que enviaran a Mark a Auschwitz, Borenstein intentó tranquilizarme. Muy amable, en un alemán elegante, me dio a entender que quería ayudarme, pero que no tenía contactos en la oficina aduanal. Sin embargo, me preguntó de pronto:

—¿Y por qué no va usted misma a Katowice y trata de convencer a la gente de aduanas de que su marido es inocente, igual que acaba de convencerme a mí? Voy a tratar de conseguir el nombre de la persona a cargo del caso de su esposo.

Me conmovió escucharlo y surgió en mí una llamita de esperanza. Al día siguiente recibí un mensaje suyo con la dirección de la oficina aduanal y el nombre del inspector a cargo, un tal *Herr* Derring.

Habían pasado casi tres semanas de agonía desde el encarcelamiento de Mark y me persuadí de que debía resolverlo por mi cuenta. Volví exhausta a casa de mi madre, donde nuestra hija aguardaba ansiosa y quería saber cuándo regresaría su padre. Las noticias que le tenía no eran las que esperaba. Con pesar, le conté a mi madre mi decisión de ir a Katowice y buscar ayuda yo sola. Comprendió mis temores y mi determinación, y trató de consolarme, pero no podía evitar temer por mi seguridad.

Esa noche no logré quedarme dormida; me mantenía despierta la visión de todo lo que podía ocurrir en Katowice. ¿Y si alguien en el tren reconocía que era judía? ¿Y si la policía me arrestaba apenas llegara y me encerraban también? ¿Y si nos enviaban tanto a Mark como a mí a Auschwitz? ¿Qué iba a ser de nuestra hija? Recostada junto a Mirusia, me inundaban estos miedos y las lágrimas empapaban la almohada en la que dormía mi hija. La miraba y mi corazón gritaba pidiendo ayuda.

Agradecí cuando al fin llegó la mañana. Me vestí con un traje de punto color frambuesa, de dos piezas, al que le quité la estrella de David amarilla, y me puse mi sombrero favorito. Al mirarme en el espejo para revisar el ángulo del sombrero, me sorprendió darme cuenta de que seguía siendo atractiva. Cuando salí con la bendición de mi madre, Mirusia todavía no se había despertado.

Caminé hacia el tranvía y pagué un boleto a Katowice. Para no llamar la atención, me senté al fondo del vagón y me mantuve ocupada en un libro que llevaba conmigo. El tranvía se puso en marcha. De pronto me conmocionó la certeza de que estaba rodeada de alemanes y las letras del libro saltaron frente a mis ojos, pero intenté seguir leyendo. Finalmente, llegamos. Unas cuantas gotas de lluvia cayeron cuando di un paso fuera del vagón y luego comenzó a llover en serio. Abrí el paraguas que traía, porque el día había estado nublado desde la mañana, y avancé por las calles de Katowice. Caminé a paso vigoroso por esa ciudad que me era tan familiar, con la esperanza de que nadie me reconociera. Sólo tres años antes, Mark y yo habíamos pasado muchas horas felices en esa ciudad cosmopolita y llena de vida, entre conciertos y óperas. Ahora, temía por mi vida con el paso de los nazis, con sus saludos que me taladraban los oídos.

—*Heil Hitler!*

—*Heil Hitler!*

Seguí caminando deprisa y alcancé a escuchar fragmentos de una música lejana, proveniente de cafeterías que antes pertenecían a personas judías.

Mientras me acercaba a la oficina aduanal, me imaginé al alemán que estaba a cargo como un nazi despiadado que me haría toda clase de preguntas y que, al escucharme, me arrestaría. Para mi sorpresa, cuando estuve sentada frente al inspector Derring, me topé con un hombre de cálidos ojos azules y rostro plácido, quizá en sus cuarentas, vestido no de uniforme sino de civil. Comenzó el interrogatorio, y se mostró sorprendido de que hubiera tenido el valor de ir a verlo sin un permiso. Conforme hablábamos, yo iba ganando confianza. Le expliqué cómo había ocurrido realmente la transacción de la lámina de acero y le dije que mi fe en la inocencia de mi esposo era lo que me había dado el valor de presentarme ahí y tratar de explicárselo todo. Después de considerarlo, me dijo que liberaría a mi esposo con una condición: que Mark volvería si se le necesitaba. Por supuesto, le prometí solemnemente que así sería, aunque por lo bajo sabía que no era posible confiar en los alemanes.

No podía creer que de verdad tuviera la intención de liberar a mi marido, pero, para mi sorpresa, llamó a un asistente, le entregó una orden de liberación y le instruyó traerlo desde la prisión. Después le indicó a su secretaria que redactara una declaración en la que se afirmara que Mark regresaría y se pondría a disposición del inspector Derring en cuanto se le requiriera. También le pidió que preparara un permiso para que ambos pudiéramos regresar a Będzin. Yo miraba por la puerta de cristal que daba hacia la oficina de su secretaria y trataba con todas mis fuerzas de que no se notara mi conmoción.

De pronto escuché abrirse la puerta y mi corazón latía con tanta fuerza que temí que se me saldría del pecho. Nunca voy a olvidar el momento en que vi a Mark del otro lado del cristal: su cara pálida, sus ojos llenos de perplejidad. Lo detuvieron en seco, como si no tuviera permitido moverse. Luego entró acompañado del hombre que habían enviado a traerlo.

El alivio me inundó cuando el inspector Derring fue hacia él y le ofreció un cigarro. Le contó sobre nuestra conversación y sobre la declaración que yo había firmado, y le preguntó si él también estaba dispuesto a firmarla. Mientras firmaba, pude ver cómo sus hombros se liberaban de una carga enorme y la sangre fluía de vuelta a su cara.

Salió en medio del asombro, casi sin poder creer en su suerte.

El aire fresco y el pulso de la vida del exterior nos devolvió a nuestros sentidos. Mark me explicó que sintió terror cuando miró a través del cristal y me vio, porque pensó que también me habían arrestado. Alabó el valor que había tenido de tomar semejante riesgo, aunque nunca abandonó la esperanza, incluso en sus peores momentos en la cárcel.

Caminamos deprisa por Katowice, sin perder tiempo, y nos dirigimos de regreso a Będzin en el tranvía para compartir nuestra felicidad con nuestra hija y con el resto de la familia.

Luego, un día de septiembre de 1942, llegaron las noticias que nos golpearon como un relámpago. Nos informaron que mi hermano Izak había «muerto de un ataque al corazón» en el campo de concentración de Buchenwald. Aunque el *Judenrat* nos lo informó, no podíamos creer que nos estuvieran diciendo la verdad. No, no podíamos creer que Izak, que estaba sano y lleno de vida, hubiera muerto de un ataque al corazón a los diecinueve años.

Por un buen tiempo no pudimos aceptar el hecho de que Izak estuviera muerto. Pensábamos que debía seguir vivo y esperamos algún mensaje suyo. Mi mamá estaba convencida, y ese convencimiento le daba un respiro de alivio en medio de los momentos oscuros que se desplegaban frente a sus ojos.

Pero nuestra esperanza comenzó a marchitarse con la llegada de muchos más anuncios, por parte del *Judenrat*, de muertes en los campos de concentración. En los siguientes días el horror golpeó también a otras familias. Pronto empezamos a oír rumores de que los alemanes asesinaban masivamente a presos judíos en respuesta al asesinato de un diplomático alemán en París, que había perpetrado un judío.

Aprendimos a aceptar las crecientes miserias de nuestras vidas cotidianas y a lidiar con los problemas conforme se presentaban. No teníamos opción. Por segunda vez, a Mark y a mí se nos obligó a mudarnos a otra parte de la ciudad, de nuevo porque el edificio que nos habían asignado se prepararía para recibir a alemanes recién llegados. Tristes, nos movimos a la calle Podjazie, lejos del vecindario al que ya nos habíamos acostumbrado y que estaba tan cerca de la casa de mi familia. Tuvimos que aceptar una habitación oscura y, para mí, deprimente, en un departamento de otra familia en la calle Kołłątaja. Agradecíamos que al menos seguíamos en la ciudad y el *Judenrat* no nos había forzado a mudarnos a Kamionka, donde había un gueto en el que se había reunido a mucha de la población judía de Będzin.

Tan pronto como nos establecimos en ese cuarto sombrío, y para que también tuviera la protección de una tarjeta *Sonder*, empecé a trabajar para el *Treuhänder* Leutsch, cuya fábrica producía uniformes para la *Wehrmacht*. Trabajaba en el turno de la tarde y tenía tiempo suficiente para cocinar y limpiar la casa. Antes de irme al trabajo, dejaba a Mirusia con mi madre y Mark pasaba por ella más tarde, cuando regresaba de su empleo como capataz del *Treuhänder* Tönskämper.

Entretanto, la demanda de gente joven que trabajara en los campos no dejaba de crecer. Todos los días, el *Judenrat* le daba a la policía judía una lista con la gente que debía reclutar. Algunos hombres y mujeres jóvenes se escondían por el miedo a que sus nombres pudieran estar en la lista. Sin embargo, cuando no los encontraban en casa, la policía se llevaba a sus familiares en su lugar. En una de esas rondas, la policía arrestó a mi hermana Regina y la deportó de inmediato a un campo de trabajo forzado. Estábamos preocupadísimos, pero tuvimos algo de alivio cuando comenzaron a llegar sus cartas desde el campo de Sudetenland. Regina escribía con frecuencia y nos decía que estaba trabajando en condiciones relativamente buenas en una fábrica textil. Nosotros le respondíamos con cartas largas para mantenerla informada sobre todo lo que ocurría en casa. Mi madre estaba feliz de poder enviarle paquetes de comida que ayudaban a complementar las exiguas raciones del campo. Regina era una persona sensible y delicada, y nos preocupaba mucho su bienestar; cada carta suya la esperábamos con una gran ansiedad.

Solíamos pasar tiempo con mi madre para consolarla y subirle el ánimo. Una vez, mientras estábamos con ella, tuvimos la agradable sorpresa de recibir un suéter, tejido a mano, que Regina había hecho como regalo tardío por el cuarto cumpleaños de Mirusia. Nos contaba en la carta que lo había tejido en sus tiempos libres en el campo de trabajos forzados. En cada una de sus cartas nos instaba a hacer algo por nuestra seguridad, a no esperar demasiado, y preguntaba siempre si Mirusia se hallaba a salvo bajo los cuidados de nuestra empleada doméstica.

Pensábamos en encontrar un escondite para nosotros, pero las posibilidades eran cada día más limitadas. Los polacos estaban asustados porque las SS habían anunciado que matarían a cualquier polaco que ocultara a un judío. Nos atormentaba oír a amigos decir que, apenas los transportes de judíos deportados llegaban a Auschwitz-Birkenau, los alemanes se llevaban a los niños y a los ancianos para asesinarlos sin más, y que sólo se mantenía con vida a los jóvenes que se vieran lo suficientemente fuertes para trabajar. Habíamos dejado de creerle al *Judenrat* que estábamos a salvo porque trabajábamos para la *Wehrmacht* y poseíamos las preciadas tarjetas *Sonder*. La única esperanza que nos quedaba era que la guerra terminara antes de que los nazis pudieran matarnos a todos.

Pasaron varias semanas tras la liberación de Mark, pero en el fondo no confiábamos en nuestra buena suerte. Entonces, la oficina postal judía, que tenía el único teléfono público disponible para los judíos, recibió una llamada del inspector Derring, de la oficina aduanal de Katowice. Quería hablar con Mark, pero Mark no se encontraba en casa. Al día siguiente, en el trayecto al trabajo, mi esposo fue a la fábrica en la que trabajaba Jakub para conversar sobre aquella llamada. Jakub y Mania estaban a punto de cerrar la fábrica por ese día cuando Mark vio al inspector Derring por la ventana, caminando hacia el edificio. Asustado, corrió a la bodega en la que se guardaba el carbón y se ocultó tras una pila. Cuando Derring entró y preguntó por él, Jakub le respondió tranquilamente que Mark ya no trabajaba ahí y que no lo veía hacía tiempo. El inspector dejó un mensaje con la instrucción de que Mark se pusiera en contacto con él tan pronto como fuera posible porque se le requería en la oficina aduanal.

En cuanto Mark llegó a casa, abandonamos rápido la habitación y nos fuimos a la casa de sus padres, donde dormimos esa noche. Al día siguiente Dawid nos alertó de que Derring, al no hallar a Mark, había dejado una orden en el *Judenrat* para que se lo entregara a la oficina aduanal. Alarmados, decidimos que Mark tenía que esconderse lo antes posible.

En ese entonces, Różka, la hermana de Mark, fue a visitarnos acompañada de su novio Beniek Zelmanowicz, comandante de la Betar,[9] que se refería a sí mismo como Dov Ben-Barak. Dov era policía del *Judenrat*, pero uno de los decentes, de los que realmente trataban de ayudar. Se ofreció a buscar un escondite para Mark con sus amigos polacos de la calle Podzamcze; ahí había vivido su familia antes de la guerra, en las márgenes del río Czarna Przemsza, donde ya no vivía ningún judío.

Różka y Dov se fueron y volvieron poco tiempo después, radiantes, con la noticia de que los Zielinski habían accedido a dejar que Mark se escondiera en su cabaña abandonada. Mi esposo empacó unas cuantas cosas y pude ver cómo sus padres no podían disimular lo preocupados que estaban por su seguridad. Al anochecer, estábamos listos para irnos con Dov, pero para Mark era demasiado doloroso despedirse de Mirusia. Cuando partimos, las lágrimas rodaban por sus mejillas.

[9] Organización activista de las juventudes sionistas que formaban parte del movimiento revisionista de derecha liderado por Ze'ev (Vladimir) Jabotinsky. [Nota de la edición en inglés].

La cabaña junto al río

Nos dirigimos al nuevo escondite de Mark. Al llegar, Dov nos mostró la cabaña de madera, abandonada, bien oculta entre árboles y matorrales silvestres, a cierta distancia y a espaldas de la casa principal de la familia, casi a la orilla del río. Estaba en ruinas, con dos habitaciones que se usaban como bodegas. Avanzamos por la primera de ellas, en la que había carbón y papas apiladas sobre el piso sucio; luego, unos pasos más allá, entramos a la segunda, donde había algunos muebles viejos: una cama de madera, una mesa, una silla y una vieja estufa de acero. Pero lo que más llamaba la atención era una enorme colección de libros judíos que se habían quedado ahí abandonados.

Desde el momento en que dejé a Mark solo en la cabaña, viví con el miedo constante por su seguridad. Hicimos circular, entre el vecindario y el *Judenrat*, los rumores de que Mark se había escapado a Italia. En ese entonces muchos jóvenes solteros trataban de huir a Italia y a Hungría con la ayuda del movimiento clandestino judío, que tenía actividad en Będzin.

Me sentía terriblemente sola y me daba miedo permanecer en la habitación de la calle Kołłątaja, así que me mudé con Mirusia a la casa de mi madre. Seguía viviendo en su antiguo departamento de la calle Modrzejowska, en la parte en la que los judíos aún tenían permiso de residir. Pasaron los días y las noches. Mark estaba solo en la cabaña abandonada. Cuando llegó el invierno y las noches se volvieron más frías, pasaba la mayor parte de su tiempo acurrucado en la cama, bajo la colchoneta de plumas. Temeroso de que lo detectaran, evitaba encender la estufa durante el día y sólo lo hacía de noche para calentar el cuarto y la comida que yo le llevaba en mis visitas semanales. Durante esos días de soledad, desarrolló un interés apasionado por la literatura judía y leyó los libros en ídish que alguien había dejado abandonados en la cabaña, libros de Sholem Aleijem, Isaac Leib Peretz, Méndele Móijer Sfórim y muchos otros.

Solía hacer mi caminata semanal a la cabaña al anochecer, pero tomaba siempre una ruta distinta porque me daba miedo llamar la atención. Recuerdo haber ido el 30 de octubre, mientras la luz del día se apagaba rápidamente, para celebrar juntos su cumpleaños número treinta. Lo único que podía compartir con él eran el amor y la esperanza que yo no perdía nunca, incluso en los momentos más oscuros de mi vida. Recordamos los días buenos de antes y anhelamos y rezamos por la libertad.

Le conté las historias que había oído sobre lo que estaba ocurriendo en el gueto de Varsovia y en otras partes del país, y sobre las acciones que llevaba a cabo la resistencia clandestina. Los alemanes habían matado a judíos y polacos, pero también muchos de éstos habían logrado escapar. En Sosnowiec y en Będzin, algunos jóvenes judíos se habían organizado en grupos de resistencia. Operaban en la clandestinidad, ayudando a hombres y mujeres a huir con documentos de identidad «aria» falsos para que encontraran trabajo en granjas de Alemania, donde se consideraba que sus posibilidades de sobrevivir serían mayores.

En invierno, el frío hacía aún más larga la caminata a la cabaña de Mark y el viento aullaba mientras me abría paso deprisa entre las calles resbalosas y cubiertas de nieve, ansiosa por llegar y entregarle el paquete semanal de comida. Con mucha frecuencia, en el fresco de la noche, tomaba un atajo y, petrificada, corría entre dos cementerios para dirigirme con rapidez hacia la cabaña. Le decía a Mark lo mucho que todos lo extrañábamos y que Mirusia preguntaba todo el tiempo «¿dónde está mi papá?», «¿por qué no viene a la casa?».

La guerra siguió alargándose. Pasaron los meses, y Mark continuó escondido durante el gélido invierno transcurrido entre

1942 y 1943. Mi corazón sufría, pero no veía alguna salida ni para él ni para ninguno de nosotros.

El *Judenrat* no dejaba de recibir preguntas sobre Mark de la oficina aduanal: «¿Ya volvió? ¿Está de vuelta en la ciudad?».

Segunda parte

1943

Pienso en el hoyo oscuro del búnker en el que estuvimos los tres, apretujados durante siete días y sus noches, con apenas comida y agua suficientes para uno o dos días, aterrados con la posibilidad de que nos descubrieran y nos asesinaran.

¿Cómo podría una niña de cinco años entender, aceptar y obedecer en semejantes condiciones infrahumanas?

¿Cómo podría controlar su miedo, sus lágrimas, su hambre, su sed?

¿Cómo era posible todo aquello?

En el gueto de Kamionka

Kamionka era un área rocosa y pobre a las orillas de Będzin, principalmente habitada, antes de la guerra, por polacos de clase trabajadora y unas cuantas familias judías. Ahora, poco a poco, a las familias polacas se les forzaba a irse o a reubicarse para establecer el gueto destinado a nosotros, los judíos. Muchos polacos no querían dejar los hogares en los que habían vivido tanto tiempo, a veces generaciones enteras: casitas de madera con jardines de vegetales en los que podían pasar horas al aire libre. Las familias judías que residían en la ciudad seguían haciendo lo posible por posponer la mudanza a ese lugar, y sólo terminaron por mudarse cuando la policía judía las obligó.

El *Judenrat* planeó la reubicación calle a calle. Trataron de convencernos de que, si todos los judíos residíamos en una sola área y trabajábamos para los alemanes, no nos deportarían. Ya no teníamos comunicación con otras ciudades y el *Judenrat* aseguraba que en Varsovia, Cracovia y Lodz, lugares en los que había judíos viviendo y trabajando en guetos, se les protegía de la deportación.

Junto al gueto de Kamionka para los judíos de Będzin, el área de Środula se convirtió también en uno para los judíos de Sosnowiec. El Departamento de Vivienda del *Judenrat* estuvo muy ocupado reubicando familias a ambos lugares.

En ocasiones, los polacos a los que les habían quitado sus casas eran muy hostiles con los judíos que llegaban a habitarlas. Podíamos escucharlos gritar «*Żydzi do Palestyny!*», «¡judíos a Palestina!». Era irónico, porque cualquiera de nosotros se habría ido a Palestina caminando descalzo si tan sólo hubiéramos podido salir de Polonia. Pero para nosotros todas las puertas estaban cerradas. Por ser judíos. Parecía que el mundo entero se había olvidado de nosotros, incluido el propio Dios.

A los padres de Mark los enviaron en los primeros días a una casa de dos pisos en una esquina de la calle Kaserne, número 5, justo en los confines del gueto. Les asignaron una habitación con cocina. La madre de Mark, no obstante, se enfermó a causa del agotamiento físico y espiritual, y no pudo dejar la cama por semanas enteras. Pedimos la opinión de varios médicos y todos estuvieron de acuerdo en que era necesario llevarla al hospital, pero mi suegra, que por lo general hacía caso al consejo de los médicos, se rehusó. Sabía que los alemanes hacían rondas frecuentes en los hospitales y deportaban a los pacientes a Auschwitz. Por fortuna, su hijo mayor, Dawid, pudo gestionar, con ayuda de un *Treuhänder* alemán, que le inyectaran extracto de hígado, y eso la ayudó a recobrar poco a poco la salud.

El de 1943 fue un invierno difícil. Hubo veces en las que nevó días enteros. Las carretas cargadas con las magras pertenencias de nuestra gente partían diariamente hacia el gueto, tiradas por unos pobres caballos. Los días eran fríos y feos y siempre había nieve cayendo, derritiéndose y cayendo de nuevo. Muchas veces, los caballos se atascaban en los caminos lodosos sin pavimentar y algún transeúnte tenía que ayudar a sacarlos. Fue un invierno terrible, sin suficiente comida ni calor, mientras que los judíos que todavía habitaban la ciudad vivían bajo la presión constante de mudarse.

Durante esa época miserable, el *Judenrat* me notificó que a todas las familias judías que residían en la calle Kołłątaja, entre las que me encontraba, se les evacuaría de inmediato hacia el gueto. Mi hermano Jakub y mi hermana Mania fueron a ayudarme a cargar las pocas posesiones que nos quedaban. Para mi sorpresa, la habitación que nos asignaron era grande y soleada, en el segundo piso de un edificio relativamente nuevo que antes de la guerra le había pertenecido a una familia judía. Ahí, después del cuarto oscuro y lúgubre de la calle Kołłątaja, me sentí viva otra vez. Pero tenía miedo, porque la habitación estaba registrada ante el *Judenrat* bajo mi nombre de casada. Con la esperanza de que no llegaran en busca de Mark, y entonces, de alguna forma, él pudiera abandonar su escondite, me establecí en aquel lugar, y mi hija enseguida comenzó a sentirse como en casa.

En febrero, sin embargo, Dawid, el hermano de Mark, nos trajo las noticias que habíamos estado temiendo. El *Judenrat* había recibido un ultimátum para entregar a Mark a la oficina aduanal. La policía había ido varias veces a la casa de la familia en busca de él, pero les habían dicho que se había escapado a Italia. Unos días después, Dawid se enteró por medio de sus contactos en el *Judenrat* que la oficina aduanal había escalado su caso a la autoridad civil alemana del lugar. A pesar del apoyo moral y la ayuda de nuestras respectivas familias, me sentía perdida y ya no tenía idea de adónde acudir.

Una vez más, estaba contra la pared, sin ninguna salida aparente, pero en medio de esa pugna sentí un aliento de esperanza cuando Dawid localizó a un antiguo abogado que quizá estaría dispuesto a auxiliarnos. De nuevo la suerte se ponía de mi lado. El abogado me dijo que me había recomendado con el secretario de la autoridad civil alemana del lugar y que debía ir a verlo.

Era evidente que tenía que tomar ese riesgo yo sola. Resultaba extraño que yo, que siempre había sido la más tímida, la que no se sentía cómoda con la gente extraña, hubiera ganado de alguna forma toda esa fuerza interior para que nada se interpusiera en mi camino. Sin perder tiempo, me presenté de inmediato en el *Bloki*, el complejo habitacional en el que vivía el secretario. Toqué la campana y contuve el aliento.

Me abrió la puerta un hombre de mediana edad. Mencioné el nombre del abogado que me había recomendado y el secretario me invitó a entrar. Resumí rápidamente mi problema y le rogué su apoyo. Lo pensó un momento en silencio y luego, con una voz suave, dijo:

—Voy a ver si puedo serte de alguna ayuda.

Me pidió que volviera en dos semanas. Antes de irme, le dejé en claro que quería darle algo de dinero. Pero, cosa extraña, se negó.

La espera me pareció eterna. Me di cuenta de que confiaba en que ese hombre trataría de ayudarme si podía. Mientras tanto, el resultado era incierto, y era difícil estar sin Mark y pasar las noches sola con mi hija. Una vez que Mirusia se dormía, el día entero de trabajo duro y todos mis problemas se agolpaban en mi mente, y lloraba hasta quedarme dormida.

Finalmente, se cumplieron las dos semanas y regresé a la casa del secretario. Tan pronto como me senté, me dijo:

—Te tengo buenas noticias. Revisé el caso. Es posible que pueda remover de los archivos cualquier registro del caso de tu marido.

Apenas podía creer lo que oía. Me pregunté si había entendido bien. Como si pudiera leer mi mente, suspiró profundo y agregó:

—Soy *Volksdeutsch* («alemán étnico»), pero siempre me han caído bien los judíos y tengo muchos amigos entre ellos. En estos tiempos, si puedo ayudar, trato de hacerlo. Espero que Dios sea bueno también conmigo y que mi hijo, que está en el frente, regrese a salvo. Anímate, la guerra no va a durar para siempre. Tendrá que venir un mejor mañana.

Le di las gracias y le dije cuán agradecida estaba. Como muestra de mi aprecio, saqué un reloj de oro.

—Para su hijo —le aclaré—, cuando vuelva.

Lo aceptó con una sonrisa y me respondió:

—Ven otra vez a finales de febrero. Espero que para entonces se haya arreglado tu problema.

La siguiente ocasión en la que visité a mi esposo en la cabaña, le conté las buenas noticias en un intento por subirle el ánimo. Llevaba seis meses escondido, seis meses sin ver la luz del día. Debajo de los ojos se le habían formado unas ojeras profundas y cada semana me parecía más pálido. Me contó lo mucho que anhelaba estar con nosotras, lo mucho que extrañaba a Mirusia, lo difícil que era no haber estado con ella «en siglos».

Los días siguieron pasando despacio y mis noches eran sobre todo insomnio y preocupación, hasta que por fin llegó el día de ir a ver al secretario. De camino a su edificio, pasé junto a gente que caminaba libre, niños que reían y jugaban en sus patios, y sentí envidia de ellos, el anhelo de volver a estar con mi hija y mi esposo juntos otra vez.

Cuando llegué a la casa, yo estaba temblando y tuve que guardar la compostura para tocar la campana. Traía conmigo un paquete que dejé en el vestíbulo y seguí al secretario a su oficina. Se sentó detrás del escritorio y sacó un archivo lleno de papeles. Me los mostró y luego les prendió fuego; se quemaron hasta que no quedaron más que las cenizas. No podía creer lo que veían mis ojos: los registros del caso de mi marido en llamas. Se habían ido. No encontraba palabras y rompí en llanto. En cuanto logré recobrar algo de control, le dije que mi esposo y yo recordaríamos siempre su amabilidad y que no había palabras para expresar nuestro agradecimiento.

—Que Dios lo bendiga a usted y a su familia —le dije—, y que su hijo vuelva con bien. Y, por favor, disfrute el juego de porcelana que le traje y que dejé en el vestíbulo.

Me agradeció y me deseó buena suerte.

Salí de su casa aliviada, más que alegre, de nuevo llena de vida. Sentía que tenía alas y que iba volando a llevarle las buenas noticias a mi hija, mi madre y mis suegros. Quería gritar para que todos supieran que mi marido era libre de nuevo. Quería compartir mi felicidad con el mundo entero. Me imaginé a mí misma compartiendo las noticias y observando las caras alegres, los besos, los buenos deseos de nuestros seres queridos. Me imaginé yendo a verlo y casi podía sentir sus besos, su abrazo cálido envolviéndome y sosteniéndome un largo, largo rato. Cuando salí de mi ensoñación, me di cuenta de que me dirigía a la cabaña abandonada, por el mismo camino entre los dos cementerios, pero esta vez sin ningún paquete de comida y, sobre todo, sin miedo.

Corrí hacia la cabaña, hacia mi esposo.

—¡Eres libre, Mark! ¿Me estás oyendo? ¡Eres libre!

Su cara se iluminó y un resplandor de alegría remplazó la tristeza de sus ojos oscuros. Me abrazó, me besó y no dejaba de repetir:

—¿Es verdad, Dorciu? ¿Me estás diciendo la verdad?

Qué feliz estaba, apresurándose a empacar sus pertenencias, entusiasmado por abandonar esa cabaña en la que había pasado en soledad más de seis meses. Se puso deprisa el traje azul y la camisa azul claro. Sonriendo, me preguntó:

—¿Cómo me veo?

Le acomodé el cabello oscuro y brillante, y le aseguré que estaba tan guapo como siempre. Dejamos la cabaña en silencio, tomados de la mano, y corrimos a ver a nuestra hija, que se encontraba en casa de mi madre.

Mirusia saltó de alegría al ver a su papá. Lo abrazaba, lo besaba y no paraba de preguntar:

—*Tatusiu*, *tatusiu* («papi, papi»), ¿ahora sí te vas a quedar con nosotras?

Su padre la mimaba y la tranquilizaba con la promesa de que ya no se iría de nuestro lado. Mania y Emil le dieron una cálida bienvenida y mi madre le expresó el deseo tradicional de que su regreso marcara un *mazeldike minit*, un momento afortunado que traería consigo una mejor suerte para cada uno de nosotros. Más tarde volvió mi hermano Jakub y lo recibió con un generoso abrazo. Sacó una barra de chocolate y se la dio a Mirusia, que la desenvolvió y partió en pedazos para llevar uno a la boca de su padre y, después, fue de un lado al otro ofreciéndole un trozo a los demás. Luego de eso, no se separó de Mark y estuvo todo el tiempo sentada en su regazo. Sólo saltó de ahí para mostrarle lo mucho que había crecido en su ausencia y su cara se veía radiante.

Tras esos tensos meses en los que Mark estuvo escondido, su regreso fue un enorme alivio para sus padres. De nuevo despertaba en ellos la vida. Se sentía como la llegada de la primavera tras los largos meses del invierno. Mi suegro iba a visitar a los granjeros polacos y traía harina, huevo, pollo, mantequilla y queso que obtenía a cambio de las telas que aún le sobraban de la tienda de textiles. Mi suegra se ocupaba cocinando y horneando. A Mark le costó un tiempo readaptarse a la vida cotidiana, pero no pasó tanto antes de que lo escucháramos de nuevo cantar, silbar y jugar con Mirusia. Su salud había mejorado y la palidez perdía terreno conforme los días se volvían cálidos y soleados. Compartíamos los problemas y las responsabilidades diarias. La vida parecía tener sentido otra vez.

Fuimos acostumbrándonos a la vida en el gueto. La gente pasaba bastante tiempo en la calle jugando con los niños y disfrutando de los días soleados, pero de noche teníamos miedo de dormir a causa de los ataques nocturnos. Todo el mundo comenzó a construir búnkeres y otros escondites en sótanos, áticos o donde pudieran encontrar lugar.

Un día nos avisaron que se esperaba un ataque. Estábamos en la habitación de mis suegros y corrimos con ellos a su búnker. Había unas diez familias en aquel sótano oscuro, lleno de humedad, calor y malos olores. Algunas madres no podían tranquilizar a sus bebés que lloraban. Nos sentamos apretujados, temerosos de movernos, de ser descubiertos. Cuando al fin salimos, a salvo, Mark y yo decidimos que la experiencia del búnker había sido demasiado difícil y que necesitábamos una alternativa. Desde entonces, Mark, Mirusia y yo dormíamos solos en una carbonera, con una tabla y dos almohadas encima de una pila de carbón. Al caer la noche, Dawid nos encerraba poniendo un candado por fuera. Nos dejaba salir por la mañana, cuando consideraba que estábamos a salvo. Nos sentíamos adoloridos y parecíamos limpiadores de chimeneas, con las caras llenas de polvo de carbón.

Un día soleado, Mark y yo jugábamos con Mirusia en el patio de sus padres cuando nos llamó la atención una cabaña derruida de dos habitaciones cerca de la carbonera, que se usaba como bodega. Nos golpeó la idea de que podíamos apropiarnos de uno de los cuartos y hacerlo habitable, y debajo podríamos cavar un pequeño búnker. Además, dado que estábamos en las orillas del gueto y detrás de la cabaña no había más que el campo abierto, se nos ocurrió que tendríamos también un posible escape.

Con mucho esfuerzo e influencias, logramos obtener el permiso del *Judenrat* para tomar una de las habitaciones de la cabaña derruida a cambio de nuestro cuarto bien iluminado. No nos importó que este nuevo luegar estuviera junto a la carbonera y frente al tiradero de basura. Y no nos importó tener que acarrear agua en cubetas de un pozo cercano ni tener que usar una letrina. Logramos que se registrara la habitación a otro nombre, porque temíamos que la policía pudiera un día llegar a buscar a mi marido otra vez. Luego reparamos, resanamos, pintamos y transformamos la habitación de la cabaña en un espacio habitable y acogedor.

Le faltaba electricidad y era demasiado pequeño, pero la luz del sol entraba por la angosta ventana y lo iluminaba. Colocamos la cama de Mirusia del lado izquierdo, cerca de esa ventana.

Por ahí mismo pusimos un banquito con una palangana y una cubeta para lavarnos, y a un lado una estufa chiquita y redonda, de las viejas, en la que cocinábamos. Del lado derecho acomodamos la cama blanca y, en el centro, una mesita redonda con dos sillas. La alfombra roja de yute en el piso y los cubrecamas bordados a mano le daban al lugar un toque de color y calidez. Como no teníamos ningún otro mueble, dejamos nuestras posesiones, las ollas y los sartenes, en cajas y maletas, algunas de ellas bajo la cama.

La evacuación de la ciudad hacia el gueto de Kamionka procedió sección por sección, calle a calle, con familias grandes forzadas a acomodarse en una sola habitación. El gueto era demasiado pequeño para recibir a todas las familias de la ciudad. A una, de apellido Hunter, la enviaron a una habitación junto a la casa de los padres de Mark. No había suficiente espacio ahí para el enorme armario de tres puertas que usaban para guardar ropa, ropa de cama y artículos de porcelana, así que nos lo ofrecieron. Era como si lo hubiéramos mandado a hacer justo para la pared de nuestra cabaña, y verlo ahí nos dio la idea de dividir la habitación y hacer un escondite detrás. Colocamos el armario a casi un metro de donde terminaba el cuarto y lo fijamos con clavos al piso, el techo y las paredes. Cortamos una sección del fondo del armario, lo suficientemente grande para que una persona pudiera pasar, y luego la ajustamos con tornillos en su lugar. En el estante que estaba frente a la sección del corte pusimos la ropa de cama. Cada vez que fuera necesario escondernos, tendríamos que mover primero la tela a un lado y luego deslizarnos hacia el espacio detrás del armario. Una vez dentro, devolveríamos la ropa de cama al estante y pondríamos la pieza desmontable en su sitio, ajustándola con los tornillos. Ahí contábamos con un espacio de casi un metro que nadie que abriera la puerta principal del armario podría advertir. En ese espacio colocamos un colchón y dos almohadas.

Cada noche, Mark o yo salíamos de la cabaña, cerrábamos el candado por fuera y luego escalábamos y nos arrastrábamos dentro por la estrecha ventana junto a la puerta, para después cerrarla. Las camas siempre estaban hechas y, siempre, antes de entrar por la compuerta del armario para dormir, nos asegurábamos de no dejar ningún rastro de vida cotidiana. Terminamos por tomarle cariño a esa cabañita y le dedicamos bastante trabajo y esfuerzo, especialmente Mark, que siempre había sido muy bueno para los trabajos manuales. En ese cuartito cocinábamos nuestra comida y recibíamos las visitas de nuestros amigos y parientes. Pero, por las noches, a la luz de una vela o de la lámpara de queroseno, limpiábamos y arreglábamos todo para que pareciera que nadie vivía ahí.

Con mucha frecuencia, en el colchón detrás del armario, Mirusia preguntaba por qué no usábamos nuestras camas. Mark le explicó que volveríamos a hacerlo apenas terminara la guerra.

—¿Y por qué no puede acabarse ya la guerra, papá? —preguntaba—. Dime, por favor. Quiero dormir en mi cama.

Todo el tiempo estábamos conscientes del mayor riesgo que corrían los niños y los ancianos. Diario, Mark y yo íbamos a la ciudad y, por medio de nuestros contactos polacos, tratábamos de encontrar algún lugar en el que pudiéramos escondernos los tres. Al final, sin poder encontrar nada, decidimos contactar a nuestra antigua empleada Genia —que había regresado a vivir a su pueblo—, mediante su hermana Marta, que todavía residía en la ciudad. Genia había establecido un vínculo cercano con Mirusia y había sido parte importante de su crianza, por lo que esperábamos que estuviera dispuesta a darle refugio. Nos daba la impresión de que era alguien responsable y que podíamos confiar en ella. Marta, su hermana mayor, una mujer pequeña y tímida, también solía ir a nuestra casa a ayudarle a lavar y planchar. Nos conocía y, como no tenía hijos propios, disfrutaba jugar con Mirusia. Entonces, por primera vez, yo iba a visitarla a ella. Estaba viviendo con su esposo en un cuarto oscuro de la calle Zawale y me impactó la pobreza en la que vivían. Marta y su esposo eran gente simple y tranquila, y les conmovía profundamente la situación de desamparo que sufrían los judíos en el gueto. Marta prometió ir al pueblo a avisarle a su hermana del peligro que amenazaba a Mirusia.

Aguardamos entonces alguna respuesta de Genia o de Marta. Yo solía volver caminando del trabajo a la casa en el frío de la noche, cansada y frenética de angustia, sin saber a quién más recurrir. Sentía ganas de gritarle a Dios para reclamarle la furia que se había cernido sobre nosotros. Le pedía que me diera la fuerza para continuar, que me ayudara a salvar a nuestra hija. Al llegar a casa, me llenaba de lágrimas, pero ella las enjugaba, abrazándome y besándome, tratando de darme consuelo. Me preguntaba:

—*Mamusiu dlaczego płaczesz?* («Mamá, ¿por qué lloras?»).

Pero cómo podría explicarle. No había cumplido cinco años. Cómo podría explicarle que temía por su vida, que estaba en peligro de muerte a manos de esos nazis asesinos.

Cómo podría explicarle que estaban asfixiando con gas y cremando a niños y bebés.

Cómo podría explicarle que nos estaban matando sólo por ser judíos.

No, no estaba lista para contarle a mi niña por qué estaba llorando. Esperaba ahorrarle una crueldad mayor, esperaba salvarle la vida. No sabía cómo, pero no dejaba de rezar por un milagro.

Entre el invierno y la primavera de 1943, se envió a los últimos judíos, con los corazones llenos de pena, al gueto de Kamionka. El *Judenrat* abrió una oficina ahí, además de varias bodegas de alimentos, y se establecieron panificadoras que sirvieron como centros de racionamiento y distribución. Aunque se consideraba que el gueto era autosuficiente y autosostenible, las raciones de comida eran extremadamente pequeñas. Eran escasas otras fuentes de comida, como las que los polacos proporcionaban a cambio de joyería y otras posesiones valiosas. En un esfuerzo por preservar los platillos tradicionales del *sabbat* en el gueto, aprendimos nuevas formas de cocinar: hacer pescado *gefilte* a base de col rizada, y una especie de pastel con nabos y zanahorias. Aprendimos a adaptarnos a cada adversidad con tal de que los nazis nos dejaran vivir en paz, con tal de que nos dejaran vivir. Las calles se mantenían limpias y la gente expandía sus espacios habitados, trabajando en sus patios, plantando flores y vegetales. La naturaleza proveyó las pedregosas calles de Kamionka con la vida de las cosas que crecen.

Se acercaba Pésaj y, aunque su espíritu se sentía en el aire, las fiestas no tenían la alegría de antes. Incluso en los días más oscuros tratábamos de mantener la fe, las tradiciones y la cultura que nuestros ancestros nos habían legado. Guardábamos la esperanza de sobrevivir a los nazis como los judíos habían sobrevivido a la esclavitud en Egipto, y disfrutar una vez más de la libertad. Con ese ánimo celebramos en el gueto, junto con nuestras familias, Pésaj de 1943.

Cuando nos sentábamos en el patio a disfrutar de los días soleados y a observar a nuestra hija cazar mariposas y recoger flores silvestres en el campo cercano, aún experimentábamos momentos de alegría. En su quinto cumpleaños, nuestros deseos más fervientes fueron que la guerra terminara pronto, que no tuviéramos que separarnos de ella y que pudiéramos verla crecer en un mundo libre, sin guerra ni violencia.

El cierre de nuestro gueto

A mediados de junio, cerraron el gueto y a partir de entonces quedó bajo la vigilancia de la policía judía. No podíamos salir. La pena era la deportación a Auschwitz. Vivíamos en miedo constante. El contacto con el exterior se volvió aún más difícil y complicado, aunque algunos polacos se las arreglaban para seguir metiendo comida de contrabando.

La fábrica de Alfred Rossner y otras más pequeñas que producían uniformes y otros artículos esenciales para la *Wehrmacht* permanecieron en la ciudad y empleaban a la mayoría de los judíos, a quienes se transportaba todos los días desde el gueto, escoltados por la policía judía. Mark y Jakub seguían trabajando en la ciudad y tuvieron la oportunidad de hacer contactos en el exterior. El resto de la familia continuó encerrada.

Entonces, las cartas que Izak y Regina nos habían mandado para alertarnos que debíamos ver por nuestra seguridad nos llegaban con frecuencia a la mente. Esperábamos impacientes alguna noticia de Genia, nuestra antigua empleada, o de su hermana Marta. De vez en cuando oíamos de alguien que había logrado escapar del gueto, mientras que a otros los atrapaban o los denunciaban los polacos. Jakub y Mania, con su cabello rubio y su afortunada apariencia no semítica, tenían muchas oportunidades de escapar, pero se negaban a dejar atrás a mi madre y a Emil.

No parábamos de oír por aquí y por allá los rumores de una ofensiva militar para el invierno y de la victoria soviética sobre el frente oriental. En el gueto nos sentíamos atrapados, con una creciente sensación de alarma y sin ninguna salida a la vista. La mayoría de nosotros temía una expulsión masiva, pero los representantes del *Judenrat* insistían en tranquilizarnos, diciendo que quienes continuaran trabajando podrían sobrevivir en el gueto. Ya casi nadie creía en esas promesas y la mayor parte estaba tratando de encontrar la forma de salvarse por su cuenta. Algunos construyeron búnkeres para esconderse durante las redadas. Otros consiguieron papeles arios y huyeron. Otros tuvieron la suerte (con la ayuda de organizaciones judías en Suiza) de recibir visas para países sudamericanos. Mark y yo escuchamos que nuestra prima Genia estaba por emigrar y fuimos a despedirla. Le habían dado la visa antes de la guerra porque su esposo había emigrado a Bogotá, Colombia. A quienes poseían dichas visas, los alemanes los llevaban a un «campo internacional» en preparación para la emigración. Todos los envidiábamos. Estábamos felices por ella, a sabiendas de que al fin podría reunirse con su esposo, y esperábamos que, una vez allá, lograra ponerse en contacto con mis parientes en México, de forma que también nosotros tuviéramos la suerte de conseguir visas para salir del gueto.

Varios días después nos enteramos de que el transporte que iba al «campo internacional» en realidad se dirigía directamente hacia Auschwitz. Un grupo de jóvenes de una organización sionista llamada Hanoar Hatzioni obtuvo visas suizas y aguardaba a ser enviado al «campo internacional». Unas horas más tarde, algunos líderes del *Judenrat* de Sosnowiec fueron llamados desde la estación de policía; entre ellos estaba Moniek Merin, director del *Judenrat*, su hermano Chaim Merin y Fanny Czarna. Como no regresaron esa noche, el resto de los miembros del *Judenrat* se asustó mucho. Al día siguiente, unos polacos que trabajaban en Auschwitz llevaron la noticia de que un camión especial había conducido tanto a los jóvenes sionistas con sus visas extranjeras como a los líderes del *Judenrat* directamente al campo de concentración.[10] Después de que se difundió

[10] Fueron arrestados el 19 de junio de 1943, dos meses antes de que el área de Będzin-Sosnowiec quedara *Judenrein*, «limpia de judíos». Al día siguiente los enviaron a Auschwitz y los asesinaron. Las SS habían asignado a Moniek (Moishe/Moisés) Merin como cabeza del *Judenrat* de la Alta Silesia Oriental y Zagłębie poco tiempo

por el gueto esta impactante noticia, los sentimientos de pánico se intensificaron. Ya nadie quería dormir en sus propias habitaciones por las noches. Cada casa organizó un sistema de guardia para vigilar las calles y alertar en caso de redadas de las SS, para que los vecinos pudieran esconderse.

Una tarde de junio, estábamos en nuestra cabaña, tomando té y comiendo un pastel que la madre de Mark había horneado. Mirusia, sentada en las piernas del padre de Mark, fingía leer en voz alta historias de un libro infantil que se sabía de memoria. Ambos abuelos eran todo sonrisas mientras Mirusia recorría con un dedo los renglones impresos para dar la impresión de que en verdad estaba leyendo los cuentos de hadas.

De pronto nos interrumpió un policía judío que Dawid, el hermano de Mark, había enviado con el mensaje de que estaba por ocurrir una redada en el gueto. Apenas se fue, corrimos a la cabaña, Mark la cerró con candado por fuera y trepó hacia dentro por la ventana, y los cinco nos amontonamos en el escondite detrás del armario. Enseguida comenzamos a oír disparos y gritos en el exterior, y nos aferramos ansiosos unos a los otros. Los gritos y aullidos de dolor perforaban el aire y parecía que no terminarían nunca. Por fin todo quedó en silencio. Había finalizado el tiroteo, pero aún estábamos demasiado asustados para movernos.

Entonces, escuchamos que alguien tocaba levemente la puerta. Era Różka, la hermana de Mark, pidiendo que abriéramos porque la redada había terminado. Salimos, uno tras otro. Los padres de Mark, aunque agitados, estaban aliviados de ver a Różka y decidieron regresar caminando a casa.

No tenían nada de haberse marchado cuando oímos un nuevo tumulto al final de la calle, seguido de disparos. Volvimos

---

después de la invasión alemana. Mucho se ha escrito de la controversial cuestión de los líderes del *Judenrat*, del papel imposible que se les asignó y de las muy variadas formas en que respondieron a los retos morales que enfrentaban, y que iban de la obediencia a las órdenes nazis hasta preferir el suicidio antes que cumplirlas. [Nota de la edición en inglés] a encerrarnos, parapetados en nuestro escondite. No recuerdo cuánto tiempo pasamos ahí, mientras afuera continuaban los gritos. Más tarde supimos que los padres de Mark, junto con el resto de quienes estaban en el búnker de su casa, habían sido descubiertos. Los habían enviado a Auschwitz.

Tratando de asimilar la noticia, regresé con la mente puesta en aquella vez que conocí a los padres de Mark. Lola, mi amiga que residía en el mismo edificio que su familia, me lo presentó. Yo tenía catorce y él diecisiete. Reviví la noche, un año antes de nuestra boda, cuando me invitaron a su casa a pasar Purim. Su familia tenía la tradición de reunirse para celebrar esa noche. Aunque yo era tímida, me mostraron una gran hospitalidad y me sentí como en casa. Su madre me sorprendió con un regalo: un brazalete de oro decorado con una amatista, una reliquia familiar que había pertenecido a su propia madre. Esa noche me di cuenta de lo mucho que Mark era un reflejo de sus padres. Su madre era una mujer de atractivo desconcertante, con una cara joven y el cabello plateado, además de unos ojos que poseían una cierta tristeza. Mark había heredado esos ojos oscuros y sentimentales, la nariz prominente y el cabello ondulado. Sin embargo, su carácter era activo y juguetón, lleno de vitalidad y calidez, y se parecía mucho al de su padre. Esas características me habían resultado atractivas desde el primer día. Y ahora, esa gente buena, a la que amaba y de la que había aprendido tanto, ya no estaba. Los nazis se la llevaron el 22 de junio de 1943. Por mucho tiempo, sentí el remordimiento de haber dejado que se fueran de la cabaña; pensaba en que, si se hubieran quedado, quizá habrían sobrevivido.

La vida continuó, miserable. Unos días más tarde oímos que se estaban desarrollando nuevas acciones de las SS y la Gestapo. Nos encontrábamos en el escondite cuando escuchamos la voz de mi hermano Jakub en la puerta, pidiendo que abriéramos rápido. Se veía pálido y trataba de controlar la agitación.

—Tienen el gueto rodeado —dijo—. Es muy peligroso que se queden aquí con la niña. Vengan conmigo. Si nos detienen, puedo decirles que me ordenaron llevarlos a la fábrica de Rossner.

No había tiempo para pensar. Lo seguimos. Jakub tomó a Mirusia de la mano y le entregó a Mark una gorra de policía, igual a la que él portaba. Mark iba escoltándome como si fuera un miembro más de la policía judía. El sol se mantenía en lo alto del cielo mientras avanzábamos deprisa por las calles vacías del gueto; el eco de nuestros pasos resonaba y Mirusia trataba de seguirle el paso a mi hermano. El terror se apoderó de mí cuando vi a las SS y a la Gestapo rodeando todo el lugar. Pero no dejamos de caminar y, cuando vi a Mark y a Jakub moverse bruscamente y saludar a los hombres de las SS al pasar junto a ellos, recobré algo de valor. Logramos avanzar sin que nos detuvieran y llegamos a la fábrica de Rossner, sin aliento pero a salvo. Jakub abrazó a Mirusia y se tragaba las lágrimas mientras decía:

—*Mirusiu kochanie* («querida Mirusiu»), ¡lo logramos! ¡Gracias a Dios lo logramos!

Mi madre, Mania y Emil se encontraban ahí también, a salvo, y habían estado esperándonos con ansias. Pude advertir el alivio y las lágrimas en los ojos de mi madre. Nos sentíamos inmensamente agradecidos con Jakub por haber tomado el enorme riesgo de sacarnos del gueto cercado de alemanes. Esa noche no pudimos dormir, preocupados por nuestros seres queridos que se habían quedado en el gueto.

Pasamos varios días escondidos en la bodega de la fábrica de Rossner, junto con otros empleados y sus hijos. Cuando regresamos al gueto, descubrimos que a Dawid, el hermano de Mark, lo habían enviado a un campo de trabajos forzados. Aunque trabajaba para el *Judenrat*, ya no pudieron protegerlo. La única hermana de Mark, Różka, una hermosa y joven mujer cuyos ojos cambiaban de color, del verde oscuro al marrón, se había quedado sola en la habitación vacía, en la que todo le recordaba a sus padres y a su hermano. Cerró la puerta y se fue a vivir con su novio Dov y la familia de éste.

Las pérdidas sólo parecían crecer sin fin: padres que se quedaban sin hijos, hijos que se quedaban sin padres. En los búnkeres ocurrirían cosas de pesadilla. Madres que, por el miedo a ser descubiertas por el llanto de sus hijos, les llenaban las bocas hasta que morían ahogados. Otras los envenenaron.

La gente del gueto ya no pensaba en otra cosa que en buscar lugares para esconderse. Construían búnkeres en sus casas, en sótanos y en áticos, y levantaban paredes, pisos y techos falsos. Construían escondites en patios y jardines, con las entradas, a veces más de una, ocultas por basura y contenedores de carbón. Todos tenían la esperanza de evitar que los descubrieran durante la próxima redada.

Un búnker en el gueto

Mark y yo habíamos comenzado a construir nuestro propio búnker bajo la cabaña, misma que estaba construida directamente sobre la tierra, sin cimientos. Detrás de ella, se extendía un enorme campo de maíz que separaba el gueto de la zona polaca. Trabajábamos día y noche, cavando el suelo justo debajo del escondite detrás del armario. Ahí cortamos un trozo de madera del piso, de poco más de sesenta centímetros por lado. El suelo estaba lleno de piedra y cal, y cavamos piedra tras piedra, día tras día, llevando las piedras de noche para mezclarlas con la basura de un contenedor cercano.

Nos salieron callos en las manos. Cansados de la laboriosa excavación, con el cuerpo adolorido, nos íbamos muy tarde a dormir al escondite, pero apenas nos quedábamos dormidos comenzaban las pesadillas en las que nos perseguía la Gestapo. Tanto Mark como yo nos despertábamos a mitad de la noche y pasábamos horas inquietas en la oscuridad, obsesionados con el miedo por la seguridad de nuestra hija, que dormía en silencio a nuestro lado. Al alba nos levantábamos, determinados a continuar la excavación. Cavamos por días, con un pico de acero de mango corto. Al final logramos hacer un espacio en el que cabríamos sólo los tres, arrastrándonos. En un extremo del espacio, cerca del campo de maíz, hicimos un agujero en la tierra para que entrara la luz del día. A nivel del suelo, de regreso en el escondite detrás del armario, remplazamos el trozo cuadrado de madera que habíamos cortado del piso. Encima extendimos el colchón. Para bajar al búnker había que levantar tanto el colchón como la compuerta y colocarlas de nuevo en su lugar una vez dentro. Del lado del búnker ajustamos dos pestillos para mantener la compuerta de madera en su lugar, a fin de que nadie pudiera abrirla desde fuera.

Cada que salíamos de la oscuridad de ese agujero, sentíamos gratitud por el clima cálido y los días soleados de julio, por una bocanada de aire fresco, por el cielo y las nubes, por el sol y la lluvia, por las aves y los árboles, por la vida.

Una vez más circularon los rumores de que querían liquidar el gueto. Seguíamos esperando respuesta a la petición que le habíamos hecho a nuestra antigua empleada Genia de quedarse con Mirusia. Le escribimos de nueva cuenta a su hermana Marta, quien, en esa ocasión, nos respondió de inmediato. La última semana de julio, un domingo, fue a vernos al campo de maíz detrás de nuestra cabaña y, sentados en el pasto sin podar, nos contó que estaba decepcionada del marido de Genia, que había expresado el miedo que le provocaba dar refugio a una niña judía.

—Pero yo estoy dispuesta a quedarme con ella —dijo.

Estábamos conmovidos y agradecidos; enseguida planeamos que Marta pasaría a recoger a Mirusia el domingo siguiente. Cuando Marta se fue, nos entró el miedo: ¿cómo podríamos estar seguros de que se encontraría a salvo con ella? Algún vecino podría sospechar que estuviera refugiando a una niña judía. Mark y yo íbamos de un lado al otro, como locos, dudosos de si habíamos tomado la decisión correcta. Al final, fuimos a consultarlo con mi madre.

Mi madre estaba muy a favor de nuestra decisión, al igual que Jakub, Mania y Emil. Trataron de tranquilizarnos, diciendo que era lo correcto, y nos rogaron no perder tiempo y preparar a Mirusia para el domingo.

—Gracias a Dios que Mirusia habla polaco sin rastro de acento ídish, así que nadie va a sospechar que es hija de judíos —afirmó mi madre, abrazando a mi hija y acariciándole el cabello. Le dio la bendición, conteniendo las lágrimas, diciéndole «*mein Kind, mein Pupele*» («mi niña, mi muñequita»).

Mi hermano Jakub nos contó que estaban considerando convertir la fábrica de Rossner en un campo de concentración cerrado.

—Para protegernos de que nos manden a otros campos —explicó.

Aún creíamos que los adultos en edad de trabajar tenían oportunidad de sobrevivir en los campos de trabajos forzados, pero para entonces ya sabíamos lo que los nazis le estaban haciendo a los niños judíos: los enviaban a Auschwitz, a una muerte inmediata.

Caminamos por las calles del gueto con Mirusia, tratando de prepararla para el domingo siguiente. Recuerdo habernos sentado en un campo soleado y Mark, con la carita de Mirusia en las manos, le cantó sus canciones de cuna favoritas. Le dijimos que Marta era una mujer dulce y buena, que amaba a los niños y que la conocía desde que nació, porque era hermana de Genia. Le dijimos que pasaría por ella el domingo y, para hacerlo más fácil, que nosotros la alcanzaríamos unos días después. Aunque Mirusia era una niña brillante y le habíamos explicado que ésa era la única forma de sobrevivir, no quería irse sola. Lloró, y para Mark y para mí era un tormento pensar en el día en que tendríamos que separarnos de ella. No dejábamos de asegurarle que la amábamos muchísimo y le recordamos que la única manera de sobrevivir era esconderse con los polacos hasta que la guerra terminara. Una y otra vez le repetimos que la alcanzaríamos pronto; al final Mirusia estuvo de acuerdo en ir con Marta el domingo siguiente.

El sábado fuimos a ver a mi madre y pasamos la cena del *sabbat* con la familia. Al llegar, la mesa ya estaba puesta, con un mantel blanco, candeleros de cristal en lugar de los viejos de plata y la jalá[11] que mi madre había cocinado especialmente para ese

[11] La jalá es un pan trenzado que se come tradicionalmente durante el *sabbat*. [N. del T.]

día. Aunque estábamos tristes, la conversación iba en torno a cómo nuestra hija estaría a salvo en casa de Marta. Cuando fue la hora de irnos, todos se despidieron de Mirusia.

—Nos vemos mañana —le decían.

Mi madre empacó un trozo de bizcocho de canela y dijo:

—Esto es para ti, mi *Pupele*. Te veo mañana, Mirusiu.

Al irnos, Mirusia preguntó:

—¿Por qué estaba llorando mi abuela Chana? ¿Por qué están todos tan tristes?

Antes de que oscureciera, Różka y Dov fueron a visitarnos. También ellos estaban de acuerdo con nuestra decisión y nos prometieron que estarían ahí con nosotros al otro día para despedirse de Mirusia.

Judenrein: la liquidación final

Esa noche me quedé despierta un largo rato pensando en el día siguiente. No paraba de escuchar en mi mente la voz de mi madre diciendo: «Te veo mañana, Mirusiu». Frente a mis ojos estaba la imagen de ese mañana en el que tendríamos que dejar ir a nuestra hija. Al fin me dormí, pensando todavía en eso.

Nos despertó el sonido de los gritos y los disparos. Era algún momento pasada la medianoche. Escuchamos las pesadas botas de los miembros de las SS marchando por las calles. Iban gritando que los judíos debían salir.

—*Juden raus! Alle heraus! Alle Juden raus!* («¡Judíos fuera! ¡Todos fuera! ¡Todos los judíos fuera!»).

Al principio teníamos miedo de movernos, pero, cuando nos dimos cuenta de que el tiroteo no paraba, tomamos nuestra ropa, una bolsa con comida y una botella de agua, y nos apresuramos al búnker.

Oí los gritos de los niños y sentí que me iba a volver loca. Pensaba, una y otra vez: «¿Por qué no dejé a mi hija ir con Marta el domingo pasado? ¿Por qué esperé hasta éste?», y me angustiaba pensar en mi madre, Jakub, Mania, Emil y Różka. Nuestro mañana se vislumbraba muy oscuro, tan oscuro como el agujero en el que estábamos escondidos. Nos preparamos para la noche, entre sentados y recostados, temblando con la posibilidad de que nos descubrieran. Nos acurrucamos juntos y nos quedamos dormidos, pero muy pronto volvió a despertarnos el sonido de las balas silbando por el aire, cerca de nosotros. Mirusia estaba en pánico, aferrada a nosotros. La tranquilizamos y logramos que al fin se durmiera.

Cuando llegó el amanecer, nos alegró ver el rayo de la luz de día brillar por el diminuto agujero del búnker, pero no dejaba de escucharse el repiqueteo de las metralletas y los rifles. Compartimos lo poco que nos quedaba de comida y la única botella de agua que habíamos llevado con nosotros al escondite. El tiroteo se extendió por varios días con sus noches. La reserva de comida y agua se terminó y teníamos las bocas y las gargantas secas. Pasábamos cada día en una angustia silenciosa, apenas susurrando entre nosotros. El aire se llenó del olor a orina y heces. Nuestra resistencia se estaba agotando. Me dolía cada uno de los huesos del cuerpo. Mark y yo podíamos ver la miseria del otro, pero no había nada más insoportable que ver el sufrimiento de nuestra hija.

La cuarta noche, durante una tregua en el fuego, Mark y yo decidimos tomar el riesgo y nos arrastramos fuera del búnker. Salimos a la habitación por el armario y Mark tomó de inmediato una botella de agua de un litro que encontró en las cercanías. De pronto, la luz de una lámpara pasó por la estrecha ventana. Corrimos de regreso al armario, le dimos la botella de agua a Mirusia y Mark nos encerró de nuevo en la oscuridad del agujero. Temíamos que los agentes de las SS hubieran oído el movimiento en la habitación. Pero la noche continuó en silencio.

Mirusia nos entregó la botella vacía cuando todavía estábamos avanzando a rastras al interior del agujero. Entonces vio la decepción en nuestros ojos y, a punto de llorar, dijo:

—¡Lo siento! ¡Tenía mucha sed y pensé que había más agua allá arriba!

El truco de cerrar el candado de la casa desde afuera engañó a los alemanes hasta el sexto día. Pero entonces oímos el ruido de los golpes y los gritos en el exterior de la cabaña. Sentí que se me paraba el corazón cuando escuché a los hombres de las SS entrar a la fuerza, sus botas chocando contra el suelo mientras revisaban las paredes, el techo y el piso, golpeando ruidosamente.

Entonces escuchamos abrirse las puertas del armario. Estaba helada, incapaz de respirar siquiera. Rezaba en silencio. De pronto, sonó el estruendo de un portazo.

—*Niemand da! Los!* («¡Aquí no hay nadie! ¡Vámonos!»).

Y escuchamos cómo se alejaban las pisadas de las botas hacia afuera de la cabaña.

Nos llevó un largo rato recuperar la calma. Le dimos gracias a Dios por salvarnos. Pero, a partir de entonces, Mirusia no dejó de tener miedo y, cada vez que comenzábamos a hablar, se ponía un dedo en los labios para detenernos. Mientras que en otros lados, en el mundo libre, los niños podían expresar su alegría y su enojo, nuestra hija, junto con muchos otros niños inocentes, vivía sumida en el terror, temblando con sólo ver u oír a las SS o a la Gestapo. Y todo porque daba la casualidad de que habían nacido judíos.

Yo rezaba desesperadamente por un milagro. Cada vez que oíamos acercarse aquellas botas pesadas, pensábamos que sería nuestro fin. No podíamos saber cuánta fuerza nos quedaba, cuánta hambre y cuánta sed seríamos capaces de soportar.

Lo único que conservábamos era la noción del día y la noche, gracias al agujero que habíamos hecho en la tierra junto al búnker. Cuando, al fin, hubo una noche de silencio, escuchamos un murmullo en ídish desde algún lugar fuera del búnker. Era una voz de otro mundo, una voz humana por fin. Aunque nos conmovió oírla, lo que susurraba era una pesadilla:

—Creo que liquidaron el gueto… *Judenrein*…, depurado de judíos.

Un escalofrío me recorrió por completo al escuchar la palabra *Judenrein.* Mi madre, mi hermana, mis hermanos, Różka y todos los judíos del gueto… ¿dónde estaban? ¿Qué sería de ellos ahora? ¿Y si aquellos gritos en la oscuridad de la noche eran los de mi madre, mis hermanos, mi hermana o la de Mark?

Después de un rato, de nuevo escuchamos algo: la voz susurrante nos explicó que eran dos adultos que habían escapado de otro búnker y se estaban ocultando en el escondite de la segunda habitación de nuestra cabaña. Tampoco tenían idea de qué hacer en ese momento. Encontraron un pequeño agujero entre donde se encontraban y nuestro búnker, y nos compartieron unas cuantas hojas de col, empujándolas a través de ese agujero. Llenamos con ellas nuestros estómagos vacíos, aunque nuestra hija, que tenía los labios partidos, sólo suplicaba por agua.

¿Cómo podríamos salir de ese infierno? Lo único que se nos ocurría era llegar hasta la casa de Marta, que vivía a media hora caminando desde el gueto. Pero, aun si lográbamos salir, ¿cómo haríamos para recorrer la ciudad, así de sucios como estábamos, cubiertos de tierra y polvo de la cabeza a los pies, con lodo incluso en el cabello?

El escape

Mark tuvo una idea. Al otro lado del campo, a sólo cinco minutos a pie de la cabaña, vivía un alemán que él conocía. Este hombre era empleado de una gran fábrica en la que también trabajaban dos judíos amigos nuestros. Había mostrado simpatía hacia los judíos y, cada vez que Mark le contaba de nuestra situación, aquél le aseguraba que sentía pena por él. Quizá podríamos ir a casa del alemán, limpiarnos y seguir hasta la casa de Marta. Mirusia nos escuchó y murmuró:

—Le estoy rezando a Dios para que llueva.

Al mismo tiempo en que volteamos a mirarla, las gotas de lluvia empezaron a entrar por el agujero del búnker. Mark lo hizo más grande y pusimos un recipiente para mojar los labios con el agua de lluvia. Poco después oímos acercarse la tormenta y Mirusia dijo:

—Vámonos ya. Oigan cómo está el viento. Los alemanes no podrán escucharnos.

La idea nos desconcertó; estábamos sorprendidos por su razonamiento. Sentimos que dentro de nosotros surgía la energía necesaria para el escape. Si nos quedábamos en el búnker no podíamos esperar la ayuda de nadie, no teníamos comida ni agua y no queríamos morir de inanición en ese agujero. Decidimos salir. Le explicamos a Mirusia que tendríamos que atravesar el campo de maíz gateando, y que ella tendría que ir recostada sobre la espalda de su padre, sosteniéndose con fuerza. En algún momento pasada la medianoche comenzamos a ensanchar el agujero poco a poco con una herramienta que habíamos preparado. En cuanto el agujero estuvo lo suficientemente grande, Mark asomó la cabeza y vio que había alemanes registrando el área con sus linternas, lo que nos asustó, pero ya no podíamos echarnos atrás. Nos arrastramos hacia el campo abierto, Mark llevando a Mirusia aferrada a su espalda y yo cargando una bolsa de mano en la que llevábamos nuestras joyas y el dinero que nos quedaba.

La lluvia se convirtió en diluvio y el viento aullaba a través del aire. Nos movíamos despacio, dolorosamente, entre el rastrojo de ese campo de paso, mientras nuestros ojos se adaptaban a la oscuridad. Cuando la luz de una linterna nos pasó por encima, nos quedamos congelados, con el cuerpo pegado al suelo fangoso tanto como fuera posible. Avanzamos como sombras, lentísimo, durante lo que debieron ser horas enteras.

El sol empezaba a surgir del horizonte en el momento en que, a punto de colapsar, llegamos a la casa del alemán. Empapados de lluvia y lodo, nos quitamos los zapatos de los pies hinchados y nos dirigimos de puntillas por las escaleras hacia el ático, donde la gente solía guardar barriles para captar agua de lluvia. Vimos un barril lleno de agua y bebimos y bebimos. Luego, esa misma mañana de domingo, Mark se limpió un poco y bajó a buscar al alemán. Tocó a su puerta y, apenas ésta se abrió, el alemán corrió de nuevo adentro y volvió con una pistola en la mano, gritando:

—¿Qué no sabes que Będzin ya está *Judenrein* y que tenemos derecho a dispararle al primer judío que veamos?

Mark, tembloroso y desamparado frente al alemán armado, le suplicó que nos dejara lavarnos y le dijo que nos iríamos de inmediato. Enojado, el alemán le preguntó:

—¿Quién más viene contigo?

Mark levantó la cabeza hacia el ático y el alemán gritó:

—¡Bajen de inmediato o disparo!

Mirusia y yo bajamos las escaleras y luego avanzamos hacia la calle con el cañón de la pistola del alemán en la espalda. Disparó al aire para alertar a la policía. Pronto llegó un *Schupo* y el alemán volvió a meterse a su casa, sin siquiera mencionar que conocía a Mark.

Cubiertos de lodo, hambrientos y con las piernas sangrantes por las astillas, arrastrábamos los pies tras el policía. No podía soportar ver el miedo en los ojos de Mirusia y, mientras caminábamos hacia la estación de policía, mi mente iba a toda velocidad tratando de encontrar una forma de salvarle la vida. Ya en la estación, subimos las escaleras con Mirusia aferrándose a mí, mientras varios *Schupos* nos rodeaban.

—¿Dónde estuvieron estos últimos siete días? —nos gritaron. Las rodillas me flaqueaban y sentí que iba a desmayarme, pero me sobrepuse rápidamente cuando noté al *Schupo* que estaba sentado frente al escritorio y creí ver un destello de compasión en su rostro. En mi mente brotó una idea y fue creciendo conforme me dirigía a él. Mirando la foto de un niño que estaba sobre su escritorio, le dije:

—Si tiene hijos, por favor tenga piedad de esta niña inocente. No es judía. Yo soy católica, pero me casé con este hombre judío. Si me permite llevar a mi hija con mi familia, regresaré a compartir el destino de mi esposo, pero por favor deme la oportunidad de salvar a mi hija, oficial, se lo ruego.

Todos los presentes guardaron silencio. El corazón me saltaba en el pecho mientras escuchaba la historia que yo misma estaba contando.

Tras unos momentos, el oficial levantó la mirada y me dijo:

—¿Vio el camión que está estacionado afuera de la estación? Está esperando para llevar judíos a Auschwitz, y eso es precisamente lo que debo hacer con ustedes tres. Pero voy a llamar al campo de Małobądz, donde todavía hay familias judías viviendo y trabajando con sus hijos.

Levantó el teléfono y marcó el número, y escuchamos cómo decía que enviaría a tres judíos custodiados por un *Schupo*. Sin embargo, ese momento de alivio se convirtió en preocupación cuando escuchamos que el *Schupo* en cuestión se llamaba Mitschke, porque sabíamos de su reputación como asesino de la peor calaña. Dejamos la estación de policía con esperanzas mínimas de sobrevivir. No podía creer que hubiera niños en ese campo. Traté de ofrecerle dinero a Mitschke para que me permitiera llevar a mi hija con mis parientes, pero él lo rechazó y me aseguró que en verdad había niños en el campo de Małobądz y que sería mejor guardar el dinero ya que lo necesitaríamos después. No podía creer lo que oía. Mitschke, que tenía la sangre de tanta gente inocente en sus manos, estaba siendo amable con nosotros.

Perplejos, caminamos junto con Mitschke por las calles prácticamente vacías de Będzin.

En el campo de Małobądz

Llegamos al campo por la calle que los alemanes habían renombrado como *Talstraße* en el área de Małobądz, la cual formaba parte de Będzin. Estaba cercada y resguardada por hombres de las SA[12] que se paseaban por el campo. En la oficina, nos registró un oficial de guardia de mediana edad. Cuando el *Schupo* Mitschke le dijo que ya nos había revisado en busca de dinero, temí que se notara mi sorpresa. Al día de hoy ignoro por qué nos mostró compasión ese hombre que era famoso por dispararle a los judíos apenas los veía, a veces —parecía— por pura diversión. Quizá mi historia había removido algo en su oscuro corazón.

Al entrar a los terrenos del campo, nos recibió un grupo de amigos. Como era domingo, la mayoría de los internos tenía el día libre y estaba en el campo. Nos alivió darnos cuenta de que realmente había niños con ellos. Nos mostraron las habitaciones de hombres y de mujeres, en donde nos bañamos, nos cambiamos de ropa que algunos amigos nos llevaron y tomamos nuestra primera comida tras una semana de hambre en el búnker.

---

[12] Las SA o *Sturmabteilung*, «destacamento de tormentas», también llamadas «camisas cafés», constituyeron una violenta organización paramilitar que ayudó a Hitler a subir al poder, aunque más tarde significaron para él un desafío y fueron subordinadas a las SS. [Nota de la edición en inglés].

A muchas de las personas en el campo las llevaban todos los días a la fábrica de Rossner a hacer uniformes para la *Wehrmacht.* Otros eran empleados de los talleres de Rossner que estaban en Koszary (la zona de cuarteles). El resto trabajaba en el interior del campo Małobądz, elaborando o clasificando zapatos y botas también para la *Wehrmacht.* Conocidos nuestros con hijos pequeños nos confiaron que estaban tratando de sacar a sus hijos de contrabando con familias polacas.

La esperanza que teníamos por la seguridad de Mirusia se vio amenazada cuando nos dijeron que cada martes un oficial de las SS llamado Ludwig se presentaba para elegir a algunos niños y ancianos y mandarlos a Auschwitz. Nuestra angustia por sacar a Mirusia del campo y enviarla a casa de Marta creció. Regresamos a la oficina y le ofrecimos dinero al oficial de guardia que nos había registrado para que quitara el nombre de nuestra hija de los registros. Él aceptó y nos prometió que lo haría.

Tan pronto como salimos de la oficina, comenzamos a investigar quién podría ponernos en contacto con el *Judenälteste*, el anciano judío del campo que tenía mucha influencia en el lugar. Nos enteramos de que su nombre era Wulkan y que era de Sosnowiec. Entonces Gottlieb, aquel amigo nuestro que me había ayudado a liberar a Mark y a Jakub del *Dulag*, me lo presentó. El señor Wulkan fue muy amable con nosotros y se comprometió a ayudarnos a sacar a nuestra hija del campo. Ese mismo día, otro amigo que trabajaba fuera logró enviar una carta que escribimos para Marta, suplicando su ayuda.

Durante el día, nos daba miedo dejar a Mirusia sola en el campo mientras salíamos a nuestros empleos asignados y hallamos un escondite sobre un techo falso en uno de los edificios. Un martes, en cuanto nos levantamos, Mark llevó a Mirusia a esconderse ahí. Poco después hubo un pase de lista y tuvimos que formarnos. Las SS, con sus comandantes Ludwig y Dreier, estaban ya en el campo. Todo se puso muy tenso. De pie en la formación, mirando a los niños asustados tratando de ocultarse detrás de sus padres, comencé a sudar frío y a rezar que nadie descubriera a mi esposo y a mi hija. De pronto, el oficial de guardia estaba justo frente a mí, preguntando:

—*Wo ist dein Kind?* («¿Dónde está tu hija?»).

Aterrada por el peligro que enfrentaba mi niña, respondí de inmediato:

—No tengo hijos.

Furioso, me golpeó varias veces la cabeza con la pistola y me empujó hacia donde estaba el grupo seleccionado para irse a Auschwitz. Avancé a tropezones, mortificada e impotente, igual que todos frente a un oficial armado de las SS. Sentí la necesidad de escupirle en la cara y gritarle: «¡Cerdo asqueroso! ¡Apenas antier te portaste amable conmigo y aceptaste mi dinero!».

Con el corazón roto por no haber podido enviar a Mirusia a esconderse en casa de Marta y con el dolor de los golpes en la cabeza, caminé a empujones hacia el camión, que pronto se puso en marcha hacia Sosnowiec, bajo la vigilancia de las SS.

Apenas tenía veintiocho años y no podía creer que ése era el fin de mi vida. Traté de pensar en alguna forma de escapar, pero ¿cómo hacerlo con los guardias armados mirándonos a ambos lados del camión? Entonces me di cuenta, con amargura, de que Mark se había quedado sin fondos, porque era yo la que llevaba nuestro dinero y posesiones. Me arriesgué y decidí enviarle a Mark un reloj y una cadena, ambos de oro, por medio de un guardia que reconocí del campo. Estaba desesperada por creer en su promesa de entregarle a Mark el reloj a cambio de alguna recompensa de su parte.

Luego el camión se detuvo y los hombres de las SS empujaron fuera del camión a los judíos, que se quejaban, al tiempo que les gritaban:

—*Heraus schnell! Schnell raus!* («¡Salgan rápido! ¡Afuera, rápido!»).

Apenas podía ver quiénes se hallaban a mi alrededor; los gritos de los niños retumbaban en mis oídos. Algunos hombres y mujeres estaban histéricos y las SS vociferaban y empujaban a todo mundo hacia el centro, tratando de contener el alboroto.

Entretanto, miré mi entorno y advertí el rayo de esperanza de una posibilidad de escape. A mi izquierda había unos cuarteles, enfrente de los cuales caminaban algunos judíos. Mientras nuestro grupo marchaba entre lamentos hacia la derecha, impulsado por los guardias, yo me hice rápidamente hacia el lado opuesto y, mezclándome entre ese otro grupo de judíos, avancé con ellos hacia los cuarteles.

Reparé, para mi tranquilidad, en la presencia de Szpigelman, un policía judío, esposo de Hela, la prima de Mark. Cuando Hitler ascendió al poder, a Szpigelman lo deportaron a Polonia desde Worms-am-Rhein, mientras que Hela había logrado escapar a Francia con los hijos de ambos, Arie y Leo. Me reconoció y de inmediato se acercó a saludarme. Después de escuchar mi historia, me dijo que tenía mucha suerte de haber huido a tiempo. Al grupo con el que había llegado lo llevarían a unos cuarteles especiales y de ahí directo a Auschwitz.

—La situación es ya muy seria —me dijo—; no tardan en liquidar los campos de Małobądz y de Środula. A la gente joven y saludable la enviarán a los campos de trabajos forzados. Al resto, los ancianos y los niños, los deportarán a Auschwitz.

Szpigelman me contó también que cada mañana mandaban a un grupo de judíos escoltados por policías al área de Małobądz y Środula para limpiar el gueto pasadas la masacre y la expulsión. Me prometió hacer lo posible para que yo pudiera unirme a ese grupo. De ahí a las oficinas y los talleres de Rossner en Koszary eran sólo unos pasos.

La mañana siguiente, organizó todo para que me uniera al grupo. Y desde ahí caminé por un campo abierto hasta el lugar de Rossner, donde trabajaban los judíos del campo de Małobądz. Un amigo me vio en la entrada y me dejó pasar enseguida. Mis amigos no podían creer que había vuelto, y de inmediato quisieron saber cómo había logrado escapar del camión a Auschwitz. Me dijeron que Mark y Mirusia estaban a salvo, y el alivio me inundó completamente. Pero Mirusia seguía escondida, porque al resto de los niños ya los habían mandado a Auschwitz. Sólo unos pocos afortunados habían evitado la deportación fatal gracias a que los sacaron de contrabando con ayuda de familias polacas. Al otro día, cuando un mensajero partió para el campo de Małobądz, nuestros amigos le enviaron noticias de mi escape a Mark y le contaron que estaba escondida, a salvo, en el taller de Rossner. Temía que, si volvía, el oficial de guardia que me había deportado a Auschwitz me reconociera, así que me corté el cabello, con un estilo diferente, y me vestí también con ropa distinta que mis amigos me ofrecieron. Pero entonces, para mi satisfacción, llegó la información de que el oficial de guardia había sido transferido a otro campo. Así que mis amigos organizaron mi regreso al campo de Małobądz.

Cuando vi a Mark y a Mirusia de nuevo, todos lloramos de alegría. Mirusia me dijo:

—*Mamusiu*, le rogué a mi papá que no llorara. Le dije que volverías pronto, pero él lloraba y yo le secaba las lágrimas.

Circulaban entonces los rumores de que a la gente de nuestro campo la transferirían a los cuarteles en la zona de Koszary, donde se encontraba el taller de Rossner, pero nos llevarían al campo de Małobądz todos los días a trabajar. ¿Qué íbamos a hacer con nuestra hija si teníamos que irnos? Nos pusimos en contacto con el señor Wulkan, el *Judenälteste*, quien nos prometió hacer lo posible para que yo pudiera salir a la ciudad con una escolta de las SA a comprar suministros de primeros auxilios para el campo. Aunque no habíamos sabido nada de Marta desde que le escribimos la última vez, decidimos que debíamos sacar a Mirusia para llevarla a su casa tan pronto como fuera posible.

Al día siguiente, viernes por la mañana, antes de salir del campo, soborné a un guardia de las SA en un intento de disuadirlo para que me permitiera llevarla conmigo. En lugar de ir a comprar los suministros, fuimos directo a la calle Zawale, donde vivía Marta. Mientras el guardia esperaba afuera, Mirusia y yo entramos rápidamente por el patio trasero a la planta baja donde estaba la casa de Marta. Toqué la puerta. Toqué otra vez. Silencio. Mirusia y yo permanecimos frente a la puerta en ese pasillo angosto y oscuro, esperando. Pero nadie apareció.

Asustada y confundida, traté de convencer a Mirusia de aguardar dentro de la casa, bajo las escaleras, hasta que Marta volviera. Pero ella comenzó a sollozar y me dijo:

—No me dejes aquí, *mamusiu*. Tengo miedo. Qué tal si el hombre que nos vio desde su balcón cuando entramos por el patio se dio cuenta de que soy judía. No me dejes aquí, por favor, me da miedo que llame a la Gestapo.

Mi corazón lloraba con ella. A punto de colapsar, caminé de vuelta hacia donde estaba el guardia, le rogué misericordia y le pedí que me ayudara a llevar de nuevo a mi hija conmigo al campo. Me miró con compasión y aquel alemán de buen corazón nos escoltó de regreso.

El búnker debajo del establo

De vuelta en el campo, aún buscando una solución, alguien nos confió la existencia de un posible escondite para Mirusia. Había un lugar secreto justo en el interior del campo. Debajo de un establo en el que guardaban caballos, se hallaba un sótano grande del que los guardias y oficiales no parecían tener noticia, con una mesa, una banca y un catre. Nos dijeron que para entrar por la trampilla se tenía que hacer a un lado tanto a los caballos como al estiércol. Una vez adentro, había una escalera que bajaba al búnker. Una tal señora Dafner había estado ocultándose ahí con su hijo de cuatro años. Llegaron después de que la familia polaca con la que se escondían comenzó a temer que los alemanes los descubrieran y les pidió que se fueran.

Fuimos a ver al señor Wulkan, que nos dio permiso de usar el búnker para nuestra hija. El domingo en la mañana, muy temprano, llevamos ahí a Mirusia. Conocíamos a la señora Dafner de antes de la guerra y se ofreció a cuidar ella misma de nuestra hija. Le prometimos proveerles, a ella y a su hijo, de comida y otras cosas necesarias.

Con los temores por la supervivencia de Mirusia, cada momento del día era una tortura. ¿Qué debíamos hacer ahora? ¿A quién podíamos acudir? No dejaba de repetirme una frase en ídish que mi madre solía decirnos cuando éramos niños: «*Hob betuchen*», «Ten fe» o «Aférrate a la esperanza».

Además del miedo creciente por la seguridad de nuestra hija, teníamos que preocuparnos por la mudanza a los cuarteles en el Koszary. Los edificios de dos pisos, construidos con ladrillo, en los que viviríamos habían sido en algún momento los cuarteles operativos del ejército polaco, pero los alemanes los tomaron cuando invadieron Będzin. La mitad de las instalaciones las ocupaba la Escuela de Policía Montada y la otra mitad los talleres de Rossner en los que se producían uniformes para la *Wehrmacht*, donde trabajaba la mayoría de nuestros cohabitantes. Pero, gracias a la continua ayuda del señor Wulkan, tanto Mark como yo regresábamos todos los días a trabajar al campo de Małobądz para poder visitar a Mirusia en el búnker bajo el establo. Mark tenía empleo en la *Sortownia Butów*, la sección de clasificación de calzado, en la que debía revisar pilas enormes de zapatos que habían dejado los judíos enviados a Auschwitz y a otros campos alemanes. Su trabajo era seleccionar los zapatos que aún fueran útiles para mandarlos a Alemania. Mi trabajo era limpiar la oficina de un oficial de las SS, el *Obersturmbannführer* Knoll, así como lavar su ropa.

Poco después, mientras los guardias de las SA nos escoltaban de regreso al campo de Małobądz —casi todos eran hombres mayores que habían combatido en la Primera Guerra Mundial— y mientras avanzábamos como prisioneros por las calles de nuestra propia ciudad, nos topamos con un grupo de trabajo que estaba haciendo reparaciones a las calles y tuvimos que disminuir la velocidad para pasar junto a ellos. Uno de los hombres le hizo un gesto a Mark y le entregó una nota. Era el esposo de Marta.

Apenas podíamos esperar a llegar al campo y, no bien lo hicimos, desdoblamos la nota para leerla. Marta había escrito: «Tengo miedo de recibir a Mirusia. Un vecino mío sospecha que quiero hospedar a una niña judía. Lo siento».

Estábamos devastados. La última oportunidad de salvar a nuestra hija se había ido. Llenos de tristeza y enojo, nos apresuramos para llegar a nuestros trabajos.

Al mediodía, durante el descanso, corrimos al búnker. Con la ayuda de algunos amigos que hacían guardia fuera del establo, empujamos a los caballos, hicimos a un lado el estiércol para abrir paso. Descendimos hacia donde estaba Mirusia mientras alguien más cerraba la trampilla desde el exterior y volvía a poner el estiércol y a los caballos en su lugar. Habíamos llevado un paquete de comida, pero Mirusia se negó a comer, diciendo:

—No tengo hambre.

Estaba muy sola y nos extrañaba, deseando irse con nosotros. Tratamos de convencerla de que pronto podríamos estar todos juntos de nuevo, pero no fue de gran ayuda. La felicidad que le provocaba vernos se había desvanecido y permaneció triste.

Cierta noche estaba sentada en las escaleras de los cuarteles de Koszary, sola, pensando en mi madre, mis hermanas y mis hermanos, preguntándome dónde estarían, y me torturaba el recuerdo de nuestra hija y su sentimiento de abandono en el búnker. Perdida en mis pensamientos, sentí de pronto el tacto de una mano. Sorprendida, me puse de pie de un salto y vi a una mujer a la que no conocía. Se presentó como Rózia Taus.

—Todos aquí te admiramos —dijo— por escapar del transporte hacia Auschwitz y poque no te has rendido en el intento de salvar a tu hija. Empatizo con lo que estás viviendo y quisiera ayudarte. Como sales diario hacia Małobądz, tienes más posibilidades de hacer contactos allá afuera, así que quiero darte la dirección de un polaco conocido mío. Tal vez él pueda encontrar un lugar para esconder a tu hija.

Su ofrecimiento me conmovió y me llenó de agradecimiento.

Luego Rózia me llevó a un lado y me contó lo que pesaba dentro de su corazón.

—Yo le entregué mi niña de tres meses a una *Volksdeutsche*, una alemana étnica, en Królewska Huta, Silesia. La conocíamos desde antes de la guerra. Acabo de recibir la noticia de que ella, junto con su hermana y mi niña, vendrán mañana a mediodía. Esperarán en la calle que está frente al campo de Małobądz para que pueda ver otra vez a mi bebé, pero mañana yo estaré trabajando en el Koszary. Tú, no obstante, tú sí vas a Małobądz mañana. ¿Podrías buscar una ventana a mediodía y mirar a mi hija por mí? Y luego, ¿podrías contarme… cómo se ve? ¿Si se ve bien, saludable? ¿Podrías hacer eso por mí?

Por supuesto, acepté de inmediato.

El día siguiente era domingo, 18 de agosto. Mark y yo fuimos a trabajar al campo de Małobądz como de costumbre. Corrimos al búnker con comida para Mirusia apenas llegamos, y luego nos apresuramos para llegar a nuestros empleos. El día estaba soleado y brillante; al mediodía los dos nos dirigimos hacia una ventana para buscar a la bebé de Rózia. Al ver el cielo azul y la vida palpitante de la calle, sentimos un aliento de libertad a través de la ventana ligeramente abierta. Los guardias de las SA, sin embargo, nos recordaban nuestra condición de presos.

Entonces observamos a dos mujeres caminando despacio hacia el edificio, una de ellas con un infante en brazos. Cuando pasaron junto a la ventana, una de ellas pronunció con suavidad el nombre «Taus». En ese momento sentí un impulso repentino y le dije rápido a mi marido:

—Tal vez alguna de ellas esté dispuesta a llevarse a nuestra hija.

Se me quedó mirando y luego, con creciente entusiasmo, me respondió:

—¡Hay que intentarlo!

No perdió tiempo y se puso a redactar una nota.

Escribió:

> Nuestra amiga Rózia Taus lamenta con todo su corazón no poder ver a su hija porque debe trabajar en otro campo. Nos pidió darles sus afectuosos saludos y que le describiéramos cómo está y cómo se ve su hija. Por nuestra parte, nosotros les rogamos que tengan compasión de nuestra hijita, la única niña que queda en este campo de concentración. A todos los demás los han enviado a Auschwitz y no tardan en liquidar este campo también. No es necesario que se preocupen por su sustento. Les daremos todo nuestro dinero y nuestras joyas, suficiente para muchos años por venir. Aquí está una foto de nuestra hija. Oramos para que puedan ayudarnos.

Sellamos la nota y les dijimos que la arrojaríamos apenas se alejara un guardia que estaba cerca. En cuanto lo hizo, dejamos caer la nota desde la ventana. Las dos mujeres se acercaron y una de ellas, fingiendo alisarse las medias, se agachó y la recogió de manera sigilosa.

Nos pareció una eternidad la espera mientras la mujer cruzaba la calle, yendo de un lado al otro, adelante y atrás, frente a los edificios del campo, mientras nosotros permanecíamos en vilo. Por un momento sentí que todo estaba perdido, cuando la mujer más alta, que cargaba a la bebé Taus, la levantó un poco como para dar a entender que ya tenían a una niña judía. De inmediato, instintivamente, señalé a la otra mujer. Ella pareció entender al instante, pero ambas continuaron caminando por la calle para no atraer la atención de los guardias. Mientras, nosotros aguardábamos.

Entonces las vimos volver. Se detuvieron frente a la ventana y, en dialecto silesiano, la mujer más baja, de rostro pacífico y bello, dijo:

—*Przyrychtuj cie* («Preparen a la niña»).

«Preparen a la niña»

«Preparen a la niña». Las palabras nos envolvían furiosas como un incendio. Teníamos miedo, pero ésa era la única forma de salvar a nuestra hija de una muerte segura.

Las palabras no dejaban de resonar en nuestros oídos. «Preparen a la niña». Rápidamente, Mark fue a reunir a un grupo de amigos para pedirles ayuda en la misión de sacar a Mirusia del campo. Yo corrí al búnker, hice a un lado el estiércol y a los caballos como pude, abrí la trampilla y bajé por las escaleras.

El tiempo se detuvo un instante cuando tomé a Mirusia en brazos y le susurré:

—Mirusiu *kochanie* («mi querida Mirusia»), tus dos tías están afuera, esperando para llevarte a casa, donde estarás segura. ¿Me entiendes?

Y, con voz temblorosa, le prometí que la alcanzaría al día siguiente.

Ella me miró y comenzó a llorar.

—Me da miedo irme sin ti —dijo—. Por favor, ven conmigo, mamá. ¡No me dejes ir sola!

No podía soportarlo. Me estaba rompiendo el corazón. Pero logré encontrar la fuerza interior para gritarle:

—Deja de llorar, Mirusiu. ¡Escúchame! No tenemos mucho tiempo. Debemos apresurarnos. Si te quedas aquí con nosotros, nos matarán a todos. Pero, si vas con tus tías, nos queda una oportunidad de sobrevivir y estar juntos de nuevo. Tus tías están allá, esperándote, afuera del campo.

Aún en llanto y aferrándose a mí, me pidió que le prometiera de nuevo que la alcanzaría pronto. Y se lo prometí.

Unos momentos después, todavía sin soltarme, me dijo entre sollozos:

—Voy a ir, *mamusiu*. Sí voy a ir. Límpiame la cara, por favor, para que no vean que lloré.

Le sequé las lágrimas, le puse su abrigo de cuadros y le cubrí la cabeza con una *babushka*. Aunque ya estaba temblando de miedo, abracé a mi niña una y otra vez y traté de encontrar más palabras para darle la certeza de que no tardaríamos en reunirnos.

Tomé la bolsa con nuestra joyería y el dinero y se la amarré al cuello. Oímos un golpe en la trampilla, la señal de que todo estaba listo.

Nos despedimos de la señora Dafner y su hijo, deseándonos suerte apresuradamente. Mientras subíamos la escalera, pensé en el momento en que me separaría de mi niña y se me heló la sangre, pero la idea de la muerte segura que de otra forma tendría en Auschwitz me dio la fuerza para seguir avanzando.

Mark estaba en el establo, esperando ansioso. Un grupo pequeño de amigos había salido para tratar de distraer a los oficiales de guardia. Me pidió que me apresurara con ella hacia la cerca que daba a un lado del camino, donde aguardaba un hombre alto y rubio de nombre Tischler. Mark apretó a Mirusia contra su pecho y le dio la bendición. La besó rápido y le susurró:

—Buena suerte, mi querida Mirusiu. Te amo.

Yo me había puesto el abrigo largo y holgado bajo el cual había escondido a Mirusia. Así caminamos juntas hacia la cerca, como una sola persona, mientras Mark y otros amigos nos rodeaban. El día estaba caluroso, pero el sudor se sentía frío sobre mi cuerpo. Avanzamos con cuidado por el terreno del campo. Una vez en la cerca, Mark sacó cargando a Mirusia de debajo del abrigo y se la entregó a Tischler. Al segundo siguiente, vi los largos brazos de Tischler elevándola por encima de la cerca.

Me quedé congelada mientras la veía aterrizar en el suelo del otro lado. Las dos mujeres aparecieron para tomarla de las manos, una a cada lado. Se alejó con ellas, sin mirar atrás. Nos quedamos ahí, observándolas, hasta que entraron al trolebús, que no tardó en llegar, y respiramos aliviados. Volvimos caminando, con lágrimas en los ojos, pero agradecidos con Dios por aquel milagro.

Se nos unieron nuestros amigos —Ehrlich, Finder, Krzesiwo, Potok y los hermanos Zaks—, que nos habían ayudado a distraer a los guardias. Todos considerábamos una maravilla el hecho de que hubiéramos podido sacar a Mirusia del campo una tarde de agosto a plena luz del día sin que los guardias se enteraran.

De vuelta en el interior, lejos del sol, comencé a repetir una y otra vez:

—¡Mi hija no está! ¡Mi hija ya no está!

Y colapsé en medio del llanto. ¿Hicimos lo correcto? Aunque su angustia no era menor a la mía, Mark trató de consolarme. Y nuestros amigos no dejaban de tranquilizarnos diciendo que en efecto habíamos hecho lo mejor. Y nos repetían la suerte que tuvimos de que esas dos mujeres hubieran aparecido justo a tiempo, dispuestas a tomar el riesgo de rescatar a nuestra hija.

Estaba por terminar nuestra hora de comida. Debíamos volver a nuestras actividades. Me lavé la cara para limpiar el rastro de las lágrimas y fui deprisa a la oficina de Knoll, el oficial de las SS, para recoger unas camisas que tenía que planchar. Mi esposo y los demás regresaron a su labor de clasificación de zapatos que alguna vez pertenecieron a los judíos deportados y asesinados. Esa noche, de camino a nuestros cuarteles en el Koszary, no hicimos más que hablar de nuestra hija y de las dos mujeres generosas que arriesgaron sus vidas para salvarla, la hija de unos extraños, hija de judíos.

Luego, de pronto, comenzamos a preocuparnos por encarar a los Taus, que esperaban escuchar de su bebé. ¿Cómo reaccionarían al enterarse de que habíamos entregado a nuestra hija a la misma familia que estaba escondiendo a su bebé? Tal vez temerían que habíamos puesto en peligro la vida de su hija. No sabía cómo acercarme a ellos y no podía sino rezar para que comprendieran.

Vimos a Rózia y a su esposo aguardando a la entrada de los cuarteles. Corrí hacia ellos para contarles que había visto a su bebé y que lucía bonita y saludable.

—Dime más —suplicó Rózia—, por favor, dime más. ¿Está grande? ¿Sonrió?

Entonces me abrazó, mientras las lágrimas corrían por su rostro, y añadió:

—¡Estoy muy agradecida contigo por ver a mi bebé!

Luego oí mi propia voz confesando:

—Rózia, ¡fue un milagro! Cuando vi a las dos mujeres caminar con tu bebé, una de ellas me pareció de lo más amable. En ese momento, sentí la bondad de su espíritu y eso me dio el valor para pedirle que salvara a nuestra hija de una muerte segura. ¡No teníamos más opción que tomar la oportunidad! Y ahora estamos agradecidos con Dios porque nuestra hija estará tan segura como tu bebé —dije por último, ahogándome con mis propias lágrimas.

El rostro de Rózia mostraba tanto miedo como asombro. Pero, una vez que quedó claro que había sido la otra mujer, y no la que tenía a su bebé, quien se había quedado con Mirusia, Rózia y su esposo comprendieron y, en medio de las lágrimas de todos, lágrimas de alegría y de pena, los Taus compartieron nuestro alivio.

Rózia me explicó que aquellas dos mujeres eran hermanas de apellido de nacimiento Madajski, provenientes de una familia *Volksdeutsche* de Silesia. Ambas estaban casadas con polacos. La mujer que había refugiado a su bebé se llamaba Klara Zroska y vivía en Silesia, mientras que la otra, Maria Dyrda, residía en Sielce, justo a las afueras de Sosnowiec.

Esa noche soñé que escapaba del campo, perseguida por la Gestapo, pero no lograba encontrar a nuestra hija.

Mirusia es Marysia

Por la mañana abandoné deprisa los cuarteles de mujeres para reunirme con mi esposo. Guardábamos la esperanza de tener noticias de Maria Dyrda de camino al trabajo. A la hora del descanso, nos vimos en el lugar habitual. Mientras comíamos, no dejábamos de mirar hacia la ventana, hacia la gente libre y feliz entre la que ahora vivía nuestra hija. La tentación de escapar era fuerte, pero no había adónde ir.

Pasaron los días sin que oyéramos ni una palabra sobre Mirusia. Pasé noches sin reposo preguntándome cómo se sentiría. ¿Estaba bien? ¿Lograba dormir por las noches? ¿Lloraba por su papá y su mamá? ¿Cómo se comportaba entre aquella gente que no conocía? No podía hacer sino rezar para que nadie se diera cuenta de que era judía.

Luego, un día, mientras mirábamos por la ventana, vimos a un niño rubio caminar enfrente y mostrar una carta hacia donde estábamos. Apenas el guardia se movió de lugar, abrimos la ventana para que el chico pudiera arrojarla dentro. Era de Maria Dyrda:

> Mirusia está bien y todos aquí la apreciamos. Mi hija Urszula, de doce años, y mi hijo Paulek, de catorce, juegan con ella y la tratan como a una hermana. Les expliqué que Mirusia es judía y que su vida habría estado en peligro si hubiera permanecido en el campo, y que nadie debe saberlo, así que, si alguien pregunta, deben decir que es la hija de mi hermana. Cuando llegó aquí, la bañé y la tallé bien porque estaba llena de suciedad del búnker, y tuve que quitarle los piojos del cabello con naftalina.

> Comió y durmió bien, pasadas las miserias del búnker, pero en cuanto se despertó preguntó por su mamá.

La señora Dyrda escribió que había cargado a nuestra hija sobre su regazo y la había abrazado hasta que dejó de llorar. Mirusia reclamó que su madre le hubiera mentido, que le hubiera prometido que iría a verla al día siguiente, pero los Dyrda trataron de consolarla. Mencionaba también que sus dos hijos mayores, Jerzy y Alfred, se encontraban lejos, sirviendo en la *Wehrmacht*, y que su esposo Paweł tampoco estaba, en su caso porque permanecía escondido por motivos políticos. Finalmente, nos pedía que le informáramos a Rózia que su hermana Klara estaba de regreso en Królewska Huta con su bebé.

Todo ello nos dio tranquilidad y teníamos la esperanza de que nuestra hija se adaptaría a su nuevo entorno seguro. Quemamos la carta y, mientras la veíamos consumirse y convertirse en cenizas, le pedimos a Dios que la protegiera a ella y también a esa buena y valiente mujer que había tomado el riesgo de cuidarla. No olvidaríamos nunca su carta, escrita con tanta ternura, y los ojos se nos llenaron de lágrimas de gratitud hacia la gentil mujer que se había compadecido de nuestra hija.

Esa noche fue la primera en que mi mente pudo descansar, sabiendo que Mirusia estaba fuera de peligro. Anhelaba contarle a mi madre que mi niña estaba a salvo, que el milagro había ocurrido, que a plena luz del día, a pesar de que había guardias en el campo, una mujer llamada Maria Dyrda se había arriesgado a darle refugio. En la inmovilidad de la noche, casi podía ver los ojos de mi madre, brillando de alegría y alivio porque se había cumplido su deseo de que su nieta estuviera segura, pero entonces comencé a dar vueltas, preguntándome, inquieta, qué había sido de ella, y de mis hermanos y hermanas.

Había intentado en vano encontrar a alguien que hubiera visto a mi familia durante o después del *Judenrein*. Aunque para ese momento sabíamos que en la liquidación de los guetos de nuestra área a la mayoría de los judíos la habían enviado a Auschwitz, en el fondo de mi corazón quería creer que mi madre, todavía joven, de apenas cincuenta y un años, y mis hermanas y hermanos, todos ellos tan llenos de vida, podrían haber sobrevivido.

Justo al día siguiente, mientras limpiaba la oficina de Knoll, un *Schupo* se me acercó y me condujo con el oficial de guardia. Me informaron que estaba bajo arresto, acusada de estar planeando escapar. La idea de que alguien me había denunciado por sacar de contrabando a Mirusia me martilló la cabeza, aunque a Mirusia nunca la trasladaron a ese campo, dado que se escondía en el búnker debajo del establo. No se me permitió decir palabra; simplemente me llevaron a un galpón oscuro dentro del campo, al que sólo entraba algo de luz cuando se abría la puerta. El *Schupo* la cerró de golpe y cerró el candado por fuera.

Una vez que mis ojos se acostumbraron a la oscuridad, reconocí a una niña de Sosnowiec. Me confesó tener sospechas de que alguien a quien le había confiado sus planes de escapar la había denunciado con Knoll.

Pasaron horas y la noche se aproximaba. De pronto abrieron la puerta y nos informaron que éramos libres. Salimos corriendo del galpón y vi a Mark esperándome junto con algunos de nuestros amigos.

—Gracias a Dios ya estás afuera —dijo Mark con voz temblorosa, mientras me abrazaba. Sentí su tacto cálido, pero, cuando lo miré, había dolor en sus ojos. En el camino de regreso noté que cojeaba y le pregunté por qué.

—Nada grave —me contestó, tratando de tranquilizarme.

Pero después de un rato me reveló lo ocurrido. Cuando me encerraron, se dirigió a la oficina de Knoll y pidió que lo enviaran a donde estuviera su esposa. En cuanto Knoll se percató de que Mark había entrado sin permiso, se puso furioso y, tras llamar al oficial de guardia, ordenó que le dieran diez latigazos. Lo hizo un soldado de las SA, contando cada golpe en voz alta y ronca. Mark se había mordido los labios para contener los gritos de dolor. Y luego el oficial de guardia ordenó un golpe extra.

El cuarto con la ventana

Desde el momento en que recibimos aquella primera carta con noticias de nuestra hija, el cuarto con la ventana se convirtió en un lugar encantado para Mark y para mí, y nos reuníamos ahí a diario en el descanso del mediodía. Con el paso del tiempo, nuestra impaciencia creció, y cada día esperábamos que el siguiente trajera alguna nueva certeza sobre Mirusia.

Un día, mientras trabajábamos en el campo de Małobądz, escuchamos que había un cuarto lleno de la ropa de los judíos deportados a Auschwitz. Con la ayuda de un amigo que trabajaba ahí, logramos obtener algo de ropa infantil. Afuera todo estaba racionado y la ropa sólo se adquiría a cambio de cupones, así que sabíamos que para la señora Dyrda sería difícil conseguirle ropa a Mirusia. Por eso, preparamos un bulto para enviárselo. Nos emocionaba haber dado con esa ropa y esperábamos encontrar la forma de hacérsela llegar.

Finalmente, un día de verano tan caluroso que al mediodía era complicado respirar, corrimos al cuarto de la ventana durante el descanso y vimos a un niño rubio cruzar la calle a toda velocidad hacia nosotros. Cuando se acercó y comenzó a moverse hacia atrás y hacia adelante reconocimos en él a Paulek, el hijo menor de Maria Dyrda. Nos indicó que abriéramos la ventana y dejó caer dentro una carta. Nosotros le arrojamos otra, que habíamos preparado con antelación, en la que le informábamos del bulto de ropa.

Leímos la carta de Maria Dyrda con una prisa febril. En ella escribía que a Mirusia, a quien ahora llamaban Marysia (el diminutivo de Maria), la había hecho muy feliz saber de sus padres, al saber que la recordaban y la amaban.

> Le decoloré el cabello y las cejas para que se parezca un poco más a los otros niños con los que juega. Le enseñamos nuestras oraciones y los domingos la llevamos a la iglesia, y ahora usa la crucecita que le regalé. Una noche vinieron al departamento unos hombres de la Gestapo en busca de mi esposo Paweł, preguntando si yo había sabido algo de él. Cuando uno de ellos advirtió a Marysia, me preguntó quién era. Le dije que era la hija de mi hermana. Parecieron satisfechos y se fueron.

La señora Dyrda añadía que le alegraba que Marysia hablara polaco sin acento. Una vez más, al terminar de leer la carta, sentimos alivio y agradecimiento por todo lo que aquella mujer de corazón cálido estaba haciendo por nuestra hija. La carta se consumió en el fuego.

Poco después vimos a Paulek cerca de la ventana de nuevo, haciéndonos señas para que arrojáramos el bulto de ropa. Ocurrió tan rápido que no tuvimos tiempo siquiera de pensar en el peligro. Mark sacó el bulto de donde lo llevábamos escondido y, a la señal de Paulek, lo lanzó por la ventana. Mientras Paulek se alejaba con la ropa, nos miramos el uno al otro con alivio, alegres de que el niño hubiera esperado a que el guardia se distrajera y de que todo hubiera salido bien.

Durante los siguientes días, organizamos tanta ropa como pudimos. Juntamos ropa de mujer para la señora Dyrda y su hija Urszula, y ropa de niño para Paulek. Un amigo nos regaló una franela que se había robado de la fábrica de Rossner, y Pola, otra amiga de Będzin, cortó y cosió con esa franela de color gris un traje térmico para la nieve, así como un gorro y unos guantes, todo para Mirusia. Nos alegraba que nuestra hija no pasara frío en el invierno, y cada vez que Paulek pasaba a recoger uno de esos bultos, celebrábamos con alivio que hubiera ocurrido sin problema.

Casi al finalizar el verano, Paulek logró entregarnos a través de la ventana una carta de gran grosor. No podíamos creer lo que veíamos cuando la abrimos y encontramos fotografías de nuestra Mirusia, de cabello negro, ahora transformada en una niña rubia. Mientras miraba las fotografías, rodaron lágrimas de alegría y tristeza por mi rostro. Ya era realmente Marysia. Le habían cortado el cabello decolorado, con un flequillo corto en lugar del enorme moño con el que solíamos sujetar su cabello para evitar que le cayera sobre la cara. En una de las imágenes llevaba un vestido a cuadros; en otra, un abrigo escocés con un sombrero y una bolsita de mano; en otra, un vestido con cuello de marinero, abrazando una muñeca, feliz. En otra más, estaba junto a Urszula, la única hija de los Dyrda, ambas con sus muñecas, como hermanas.

Estudiábamos una y otra vez las fotografías y creíamos percibir un atisbo de tristeza en los ojos de Mirusia, pero se veía sana; nos tranquilizaba su bienestar y agradecíamos que estuviera en las generosas manos de Maria Dyrda. Esperábamos y rezábamos pidiendo que su cabello decolorado continuara engañando a los nazis. Y, mientras observaba las imágenes, veía también a nuestra pequeñita con el cabello negro, recogido con el enorme moño blanco, y vestida con el tradicional abrigo blanco de montaña bordado de flores de *Edelweiß* que su padre le había comprado hacía tanto tiempo en Zakopane, en los montes Tatras.

Al final de la carta había una sorpresa: la señora Dyrda escribía que tenía planes de llevar a la propia Mirusia al terreno frente a nuestro campo para que pudiéramos verla.

Un día claro y brillante, con el sol iluminando todo el cuarto, Mark y yo mirábamos hacia al prado más allá de la calle por «nuestra» ventana, esperando. A lo lejos vislumbré a una mujer con una niña sentada a su lado y un niño caminando de un lado al otro. Nos quedamos paralizados de pronto y podía escuchar el latido de mi corazón. Entonces la niña comenzó a saltar, arriba y abajo, arriba y abajo, tocándose el cabello rubio y brillante, dando vueltas y moviéndose inquieta de aquí para allá.

Mark y yo permanecimos en silencio, observando por la ventana sin pronunciar palabra, porque en el fondo de nuestros corazones sabíamos que ésa era nuestra hija.

Cuando se marcharon, teníamos los ojos llenos de lágrimas. Por supuesto que nos alegraba ver libre a Mirusia, pero cuán difícil debía ser para una niña de cinco años irse, abandonada por sus padres, con unos extraños. A pesar de que la señora Dyrda era buena con ella, creíamos que el único deseo de Mirusia era estar con su padre y con su madre. Mientras la veía saltar, sentí que en realidad quería volar por el prado para reunirse con nosotros, y sin embargo, sólo podía mirarnos desde muy, muy lejos, a través de una ventanita.

Seguíamos escuchando que pronto cerrarían el campo de Małobądz. Para nosotros, eso significaba perder contacto con Paulek, la señora Dyrda y Mirusia. Desde que oímos el rumor, no nos abandonó el miedo de quedarnos sin ese preciado vínculo.

Mientras tanto, continuamos recolectando la ropa que nuestros amigos «clasificaban» para nosotros y ocultaban en bultos por todo el campo. Una vez, Mark acababa de recoger uno de esos bultos e iba de camino a esconderlo cuando de pronto un oficial de guardia apareció y lo detuvo; le preguntó qué llevaba en el paquete y Mark contestó que se lo había encontrado debajo de una escalera y pensaba entregárselo a él.

Naturalmente, el oficial de guardia, un hombre brutal, no quedó satisfecho con la explicación de Mark. Lo condujo al sótano y le dio diez golpes con el látigo que portaba siempre consigo. Mark trató con todas sus fuerzas de no gritar y de aguantar hasta el último golpe.

Ésa fue la última vez que clasificamos ropa, por miedo a que nos descubrieran de nuevo.

Cayó el otoño, los días se volvieron más fríos y la liquidación del campo de Małobądz rápidamente se fue convirtiendo en una realidad. La mayor parte de la producción estaban enviándola a Alemania y el resto la transfirieron al campo de Koszary, del otro lado de la ciudad.

Tan pronto como pudimos, informamos a Paulek del cierre del campo y le dijimos cuán triste sería la vida sin el cuarto de la ventana. A pesar de ello, teníamos algo de fe en la habilidad de Paulek para encontrar la forma de comunicarse con nosotros incluso en Koszary. Sin embargo, mucho antes de lo que imaginamos, nos vimos confinados en ese campo. Ahí los edificios los resguardaban por todos los costados, con *Schupos* armados y soldados de las SS en el exterior, por lo que cualquier contacto con Paulek parecía imposible.

El campo de Koszary

Hasta entonces la vida en el campo había sido relativamente buena, considerando lo que ahora se sabe sobre las condiciones en otros campos, que tenían internos muriendo de hambre. El simple hecho de habernos quedado en nuestra propia ciudad contribuyó bastante. Entre los internos que trabajaban fuera de Koszary, había algunos que ingresaban comida de contrabando y la vendían a quienes todavía poseían algo de dinero. También se podían meter y sacar cartas. Por las noches, terminadas las labores, solíamos reunirnos en el comedor del campo, donde intercambiábamos ansiosos las noticias del exterior. A veces, nuestros amigos Sonia y Rubin nos entretenían con canciones, la mayoría de ellas tristes, escritas en los guetos.

Me enteré, por medio de amigos, que un grupo de hombres salía todos los días, con escolta, para ir a limpiar el gueto de Kamionka. Cuando Mark y yo lo conversamos, tuvimos una idea. Antes de que a los padres de Mark los deportaran a Auschwitz, habían enterrado una jarra llena de joyería y dinero en su sótano. Hicimos un mapa del lugar con la indicación del sitio en el que la habían sepultado y se lo mostramos a uno de los hombres que iba diariamente a Kamionka, un amigo nuestro de nombre Jakub. Nos ofrecimos a compartir con él los contenidos y esperábamos conseguir algo de dinero para nosotros y para la familia Dyrda.

Pero los días pasaron y, cada vez que le preguntaba a Jakub por las joyas, me explicaba que no había tenido la oportunidad de ir a la casa porque estaba trabajando en una zona distinta del gueto. Una noche, durante la cena, Jakub me contó que había sobornado a un oficial de las SA y que iría, junto con otros hombres, a una casa de aquel gueto en la que un hombre rico de nuestro campo había escondido su fortuna en la pata de una mesa. El dueño de esa fortuna les había prometido compartirla con ellos. Jakub me dijo que podía acompañarlos si quería, y que, si había tiempo, también buscaríamos nuestras joyas. Acepté de inmediato.

El día comenzaba a mostrar los primeros rayos de luz cuando entramos al gueto. Las calles estaban desiertas, sin señal alguna de vida humana. Las casas habían sido saqueadas y destruidas, con montones de escombros esparcidos por todas partes.

Al acercarnos a la calle en la que mis suegros habían vivido, me quedé quieta de pronto y percibí cómo me envolvía un silencio fúnebre. Le pedí a Jakub que me permitiera ir a nuestra cabaña. Caminé hacia el patio en el que la puerta de nuestra casa todavía estaba abierta de par en par. Alguien había arrancado el armario del muro y nuestro escondite subterráneo, donde los tres habíamos permanecido ocultos de los nazis una semana entera durante la *Aktion* de liquidación, estaba expuesto.

Sentí el escalofrío de la muerte al ver esa escena. No se oía nada más que mi respiración densa. Me tambaleé sin rumbo por entre las ruinas de la cabaña: trozos de porcelana rota, sábanas y manteles, ropa desperdigada por todos lados, caos. Tomé lo que pude de entre los escombros y corrí a reunirme con el grupo de hombres que ya me aguardaba.

Cuando llegamos a la casa donde estaba escondida la fortuna de aquel hombre rico, Jakub y los otros entraron. El guardia esperó afuera y yo, caminando por el patio trasero, reconocí el departamento en el que mi amiga Mania había vivido con su bebé. Su marido había sido uno de los primeros en ser enviado a un campo de concentración. Toqué la puerta y quise gritar «Mania, Mania, ¿dónde estás?», pero sabía que no había nadie dentro y me sentí aturdida.

Aguardé, impaciente, con la esperanza de que los hombres volvieran rápido y yo tuviera oportunidad de ir al sótano donde estaban nuestras joyas. Cuando al fin salieron, en sus caras se reflejaba el éxito. Jakub miró su reloj y me informó que era demasiado tarde para ir al otro lugar. Se había terminado el tiempo.

—Hay que regresar al campo ya —dijo.

Triste y decepcionada, caminé con ellos de vuelta a nuestro campo.

Los rumores de que enviarían un transporte con gente joven al campo de trabajos forzados de Annaberg empezaron a difundirse. Manteníamos la esperanza de permanecer en el campo de Koszary tanto tiempo como nos fuera posible para no perder contacto con nuestra hija. Todos nuestros esfuerzos estaban puestos en conseguir algún tipo de empleo ahí.

Se abrió una vacante de mecánica cerca, en la fábrica Schön de Pogoń, en Sosnowiec, donde se procesaba lana para la *Wehrmacht*, y asignaron a mi esposo y a otros seis hombres. Viajarían allá en tranvía diariamente, escoltados por guardias. Tan pronto como Mark pudo orientarse en su nuevo lugar de trabajo, logró hacer contacto con Paulek Dyrda. Una vez más, el muchacho demostró su valor y tuvo éxito en recolectar un pequeño paquete de ropa que Mark se había amarrado al cuerpo para sacarlo de nuestro campo.

Eran pocos los días en los que Mark lograba meter algo a escondidas, oculto bajo su holgada ropa interior. Cualquier clase de cosas como: cigarros, chocolates y a veces bollos o manzanas. Mark solía comprarle todo eso a los polacos en el trabajo y luego se lo vendía a nuestros amigos en el campo. Sin embargo, nuestras esperanzas de recuperar las joyas enterradas se diluyeron cuando se prohibió definitivamente la entrada al gueto de Kamionka.

Oímos que, para mantener el campo al máximo de empleo y proteger a los internos de que los enviaran a otros campos de trabajos forzados, Alfred Rossner viajaba con frecuencia a Berlín en busca de nuevas órdenes para sus fábricas. Éstas seguían entregando uniformes, botas, ropa interior y otros artículos necesarios para los soldados de la *Wehrmacht*. Más tarde, cuando se reunió a los judíos que trabajaban en sus fábricas para deportarlos, trataría de argumentar que eran artesanos expertos y altamente capacitados, que producían artículos esenciales para los esfuerzos de guerra y que no podían ser deportados dada su irremplazabilidad.

Noticias de Paweł Dyrda

Era octubre y anhelábamos noticias de nuestra hija cuando, inesperadamente, un amigo nos entregó una carta al volver de su empleo en la fábrica de Rossner. Paulek había logrado entregársela mientras un guardia estaba distraído. Para nuestra sorpresa, el autor era el propio Paweł Dyrda:

> Soy el esposo de Maria Dyrda. Acabo de regresar de Częstochowa, donde estaba oculto. La Gestapo me está buscando porque solía escuchar las noticias de la BBC en casa y un vecino me denunció. Estoy cansado de estar lejos de casa. Me construí un escondite en nuestro departamento. Tengo miedo de salir o de que me vean los vecinos, que creen que estoy en alguna parte del área del Gobierno General.
>
> Le he tomado cariño a Marysia, que es una niña valiente y muy lista. Le estoy enseñando a leer y a escribir en polaco y en alemán, además de aritmética. Le fabriqué una nueva acta de nacimiento. Le explicamos la situación, que ahora tiene una nueva acta y que su nombre ya no es Mira Rembiszewska sino Marysia Endruszkiewicz, y que su dirección es Święta Barbara 12B, en Sielec, Sosnowiec. Como Marysia y yo estamos fuera de los registros, no tenemos acceso a tarjetas de racionamiento, por lo que debemos comprar nuestra comida en el mercado negro. Ahora tenemos también otra niña pequeña, una huérfana llamada Halinka, de dos años, que mi esposa trajo a casa cuando la madre murió después del parto. Halinka estuvo en el hospital un tiempo, pero ya está de vuelta con nosotros. Marysia se lleva bien con ella y juegan juntas.

Paweł Dyrda nos contaba también que su esposa había visitado a su hermana Klara en Królewska Huta junto con Marysia, a quien le estaba creciendo el cabello demasiado rápido, y que a Maria le preocupaba estarlo decolorando con demasiada frecuencia, así que había decidido ya no hacerlo, cortárselo y dejar a Marysia al cuidado de Klara mientras le crecía de vuelta.

Después de eso, la situación financiera de la familia Dyrda estuvo todo el tiempo en nuestras mentes y buscamos alguna forma de ayudarlos. Era evidente que, aunque la señora Dyrda estaba registrada en la lista *Volksdeutsch* de los nazis y recibían, tanto ella como su hija, más comida en sus raciones que los polacos, tenían problemas para alimentar a todos en una casa de cuatro personas. Prisioneros en el campo de Koszary, sin embargo, no había mucho que pudiéramos hacer.

Más tarde nos enteramos de que, en el frío de un día de noviembre de 1943, Jerzy, el hijo mayor de la familia Dyrda, había muerto en el frente ruso. Las noticias de su muerte cayeron con todo su peso sobre la familia, pero en especial sobre su madre. Ella enfermó gravemente y, aunque la llevaron al hospital, nunca se recuperó. El invierno se adelantó ese año. Hacía un frío intenso de vientos ululantes cuando, la noche del 4 de diciembre, Maria Dyrda falleció. Tenía cuarenta y dos años.

El día del funeral, fueron al cementerio para despedirse de ella sus hijos Urszula y Paulek, su hermana Klara, así como amigos y vecinos. Su esposo Paweł no pudo asistir, por supuesto, porque estaba seguro de que la Gestapo estaría esperándolo ahí. Marysia, supimos más tarde, estaba resfriada y se había quedado en casa con él.

Cuando volvieron del cementerio, Marysia se puso a llorar.

—¿Dónde está mamá? ¿Adónde se la llevaron en esa caja de madera?

Klara, al ver que Marysia no podía entender ni soportar la pérdida de Maria Dyrda, se la llevó a su casa en Królewska Huta unos días.

Ese día marcó un nuevo comienzo, en especial para los niños, que ya no tenían más a su madre. Cuando, por medio de Paulek, nos enteramos de la repentina muerte de Maria, también a nosotros nos causó un gran impacto. Mi corazón sufría la pérdida de aquella gentil mujer que había sido tan valiente y tan buena con nuestra hija.

Poco después del fallecimiento de Maria, a Paulek y Urszula, quienes aún eran niños y oficialmente se habían quedado solos, se les asignó un guardián alemán. Éste los visitaba con frecuencia y les hacía preguntas, tanto para verificar su bienestar como para descubrir si sabían algo sobre su padre.

Paweł Dyrda nunca dejaba el departamento. Marysia tampoco. Paulek nos describía cómo, cada vez que oían las botas acercándose a su departamento, ambos corrían inmediatamente hacia el angosto escondite que el padre había construido antes de la llegada de Marysia, ubicado detrás de un alto armario en la alacena. En cuanto el guardián iba a ver a los niños Dyrda, Paweł y Marysia tenían que quedarse ahí, sin hacer ruido alguno, hasta que se fuera.

Paulek nos contaba que, cuando su padre y Marysia por fin recibían la señal para salir de su oscuro y apretado escondite, estaban aturdidos y contracturados; solía tomarles un rato acostumbrarse de nuevo a la luz del día. Pero Marysia permanecía en silencio y siempre tenían que repetirle que el guardián realmente ya se había marchado, que era seguro y que podía volver a hablar.

En las ocasiones en las que no había posibilidad de visita, Paweł Dyrda les daba a los niños lecciones de polaco, alemán y aritmética; todos pasaban el tiempo serrando juguetes de madera para que Paulek y Urszula los vendieran en Navidad.

En la Escuela de Policía Montada

En el campo corrió el rumor del arresto de Alfred Rossner, el *Treuhänder* alemán, cuyas fábricas en Będzin y en Dąbrowa Górnicza empleaban a miles de judíos; más tarde supimos que se había ahorcado en la prisión. Era una noticia estremecedora, y volvía nuestro futuro aún más desesperanzador. Todos sabíamos que Rossner intentó ayudar y proteger a los judíos que trabajaban para él y a los movimientos clandestinos de diversas maneras. Creíamos que esto fue lo que motivó a la Gestapo a perseguirlo, y que, por lo mismo, la propia Gestapo lo había asesinado.[13]

Un día nos enteramos de la apertura de algunas vacantes para mujeres en la Escuela de Policía Montada, al otro lado de nuestro campamento en Koszary, donde antes de la guerra estaba el cuartel del 23° Regimiento de Artillería Ligera Polaca con sus cañones tirados por caballos. Varias mujeres, yo entre ellas, nos ofrecimos como voluntarias para limpiar el comedor y las oficinas privadas que entonces tenían ahí los alemanes. Guardábamos la esperanza de que mantener uno de esos empleos nos ayudaría a permanecer en el campo y evitar la deportación.

En el comedor que me asignaron limpiar había un bar donde un policía muy amable vendía cigarros, cerveza, refrescos, dulces y otras cosas. Una vez, cuando no había clientes, reuní

---

[13] Para más sobre Alfred Rossner, véase el apartado «Personas que aparecen en estas memorias» al final del libro.

el valor para preguntarle si estaría dispuesto a venderme unos cigarros; unos días después me dijo que me había dejado un paquetito debajo de la escalera donde guardábamos los suministros de limpieza. Ofrecí pagarle y me sorprendió que se negara a aceptar mi dinero. Volvió a dejarme cigarros y dulces en otras ocasiones. Yo los metí de contrabando a nuestro campo y los vendí.

En cierta ocasión, ese mismo policía estaba detrás de la caja registradora y, nuevamente, no había nadie más alrededor. Me preguntó si sabía que pronto liquidarían el campo y que nos enviarían a todos a campos de concentración. Luego me dijo:

—Tengo una habitación cerca de aquí, en los *Bloki*, donde podrías esconderte. Me caes bien y me gustaría ayudarte a escapar.

Antes de irse, agregó:

—Piénsalo.

Y se marchó.

Regresé al campo sintiéndome tensa y considerando el ofrecimiento. Reflexioné sobre la posibilidad de escapar, pero de inmediato me di cuenta de que no podía; no estaba lista para buscar un refugio para mí y dejar a mi esposo atrás.

Los últimos días de 1943, los rumores se volvieron más apremiantes. Nuestras esperanzas de resistencia se desvanecieron aún más cuando supimos que enviarían el inventario y las máquinas de Koszary a Alemania; después, nos deportarían a nosotros a campos de trabajos forzados y a campos de concentración.

Una mañana, muy temprano, estaba limpiando la oficina de un policía de mediana edad, cuando éste se levantó de su escritorio y me llamó para que viera el enorme mapa desplegado sobre la pared. Con un señalador, me mostró el territorio ocupado por los rusos y dijo:

—¿Sabías que no falta mucho para que los rusos se apoderen de estas tierras? Pero, antes de que eso ocurra, los nazis van a matar a todos los judíos. Eres demasiado joven para morir. Ven conmigo e iremos juntos a Berlín, donde vive mi esposa.

Sus palabras me atormentaban. Con la voz temblorosa, murmuré que, a pesar de lo mucho que quería salvar mi vida, no podía dejar a mi esposo en el campo. Se puso furioso y, antes de salir, me gritó:

—¡Eres una cobarde!

De regreso a nuestro campo, sentía enojo conmigo misma. Estaba teniendo una lucha interna. Revivir el tema del posible escape me recordaba lo mucho que anhelaba la libertad, lo fuerte que era la tentación. Pero luego llegaba la visión terrible de lo que podría ocurrirle al hombre que amaba si huía. Me parecía que podía ver lo que la Gestapo le haría, y la idea de escapar se volvía entonces insoportable.

Poco antes de Navidad, a pesar de sus propios problemas y los riesgos y dificultades que implicaba contactarnos, el joven Paulek logró entregarnos una carta escrita por su padre; en ella, Paweł Dyrda nos informaba que había considerado nuestra situación y que quería ayudarnos antes de que nos deportaran. Adjuntaba, por lo tanto, documentos preparados por él en los que se decía que yo era de nacionalidad polaca. Esos documentos podrían ayudarme a salir del campo. Escribía, sin embargo, que temía hacer lo mismo por Mark.

Anexó también una foto de Marysia, vestida con el traje de invierno que nuestra amiga Pola le había hecho con la franela militar y gruesa que otros de nuestros amigos habían logrado clasificar para ella. En la foto, nuestra hija estaba sentada en un trineo junto a Urszula, y detrás de ellas aparecía de pie en su uniforme alemán Stasiek, el más joven de los hermanos mayores de Paulek. Con la foto se incluía una nota, una enorme sorpresa impresa en grandes letras mayúsculas:

MAMA I TATA KOCHAM WAS

MUTTI UND PAPA ICH LIEBE EUCH

«Mamá y papá: los quiero», en polaco y en alemán.

Leer esas líneas, las primeras escritas por nuestra hija, nos llenó de una gran satisfacción y nos hizo sentir que se hallaba en buenas manos, incluso tras la muerte de Maria Dyrda.

Después de ver los documentos que Paweł Dyrda había hecho para mí, la idea de escapar me tentaba constantemente. Pero, al mismo tiempo, me paralizaba el miedo de que, si lo hacía, Mark sería culpado y castigado por ello. Tenía sentimientos encontrados, debatiéndome entre ambas opciones, y me enojaba conmigo misma por no saber cuál era la adecuada y cuál la incorrecta...

El primer grupo de internos partió en un transporte hacia el campo de trabajos forzados de Annaberg. Se les dijo que contaban con mayores oportunidades de sobrevivir ahí que en un campo de concentración. Nuestra tensión crecía conforme se extendían los rumores de que las parejas casadas como nosotros irían a los campos de concentración y a los solteros los deportarían a campos de trabajos forzados, donde vivirían hasta que terminara la guerra.

Mientras tanto, Mark logró comunicarle a Paulek que amaría ver una vez más a Mirusia, antes de que nos enviaran lejos; le pidió que intentara llevarla a una casa abandonada que estaba al final de la calle cerrada del otro lado de la fábrica de Schön, donde él trabajaba.

El Año Nuevo se aproximaba. Había nevado densamente durante días y la nieve se apilaba en las calles en montones altos. Mark me contó que, cuando dejó su lugar de trabajo y cruzó la calle hacia el edificio abandonado en busca de Paulek y Mirusia, ya estaba oscuro. Al verla con su traje de franela gris, esperando junto a Paulek, corrió por la nieve para despedirse de ella. La abrazó y la besó una y otra vez, y le susurró que ambos la amábamos muchísimo y que pronto terminaría la guerra y podríamos estar juntos. Luego tuvo que volver deprisa, con la voluntad desesperada de creer en la promesa que acababa de hacerle a su hija.

De regreso en el campo, me describió cada detalle, lo bien que se veía Mirusia, lo sana que estaba y lo feliz que lo había hecho abrazarla. Y lo insoportable que había sido dejarla ir de nuevo.

Dora con Mirusia en su tercer cumpleaños. Dora porta en el brazo la banda con la estrella de David y Mirusia un abrigo de Zakopane. Będzin, 1941.

Mirusia en 1943, poco después de que Maria Dyrda la rescatara y le decolorara el pelo y las cejas. Maria entregó a Mark esta fotografía, que él conservó consigo durante sus diferentes estancias en los campos de trabajos forzados.

Mania, hermana de Dora, con Chana Blumenkranc, su madre (Dora Reym, dibujo al carbón).

Luba Goldberg y Jadzia Orner, tías maternas de Dora (Dora Reym, dibujo al carbón).

Berek Rembiszewski, padre de Mark (Dora Reym, dibujo al carbón).

Cesia Rembiszewska, madre de Mark (Dora Reym, dibujo al carbón).

Różka (Rózia) Rembiszewska, hermana de Mark (Dora Reym, dibujo al carbón).

Jakub Blumenkranc, hermano de Dora (Dora Reym, dibujo al carbón).

Izak Blumenkranc, hermano de Dora (Dora Reym, dibujo al carbón).

Emil Blumenkranc, hermano menor de Dora (Dora Reym, dibujo al carbón).

Jakub Orner (1866-1916), abuelo materno de Dora, gran rabino de Nasielsk.

Rebetzin Fajga Orner, quien nació con el apellido Zyskind, abuela materna de Dora.

La familia de Mark de vacaciones en las montañas Beskides, entre 1931 y 1932: Berek y Cesia (padres), Różka (hermana) y Róża (tía).

En la fotografía se señala con flechas la casa más pequeña, la cual perteneció a los padres de Mark, donde él nació y estaba la tienda de textiles. Postal a color, 1973.

Mark (primero de la izquierda) con amigos en la inauguración del evento internacional Primeros Juegos Macabeos de Invierno, impulsados por la Organización Mundial Maccabi en Zakopane, Polonia, el 2 de febrero de 1933.

Dora con amigas. De izquierda a derecha: Mancia Rosenkier, Dora, Mania Dancygier y Estera Sztatler. Będzin, 1937.

Dora con diecisiete años de edad en las ruinas del Góra Zamkowa, el Castillo en la Colina. Będzin, 1932.

Mark a la edad de veinte años, con su máquina de escribir en el patio de la Compañía de Ferretería y Plomería de J. Grundman, donde trabajaba, en el número 3 de la calle Kołłątaja. Będzin, 1932.

Izquierda: Mark con esquís en Zakopane, 1933. *Derecha:* Mark reclutado por el ejército polaco dos meses después de casarse con Dora. Cracovia, marzo de 1935. En el reverso: «De camino al Hospital Militar de Cracovia, marzo de 1935».

Dora a los diecisiete años de edad, afuera de la Farmacia Regirer, donde trabajaba como cajera y contadora. Mark, de veinte años de edad, sostiene la cámara con la que tomó muchas de las fotos familiares. Będzin, 1932.

Dora y Mark de vacaciones, mediados de la década de 1930.

Dora con la pequeña Mirusia. Będzin, 1938.

Dora, Mark y Mirusia, quien tenía nueve meses de edad, frente a una estufa de azulejos en el departamento de la calle Małachowskiego, número 36. Będzin, principios de 1939.

Mirusia durante su primer cumpleaños. En el reverso de la fotografía hay palabras dirigidas a Chaya, la tía de Dora en México: «Ya sé ponerme de pie y caminar, ¡pero mi tía Chaya no se acuerda de mí! Mirusia Rembiszewska». Góra Zamkowa, el Castillo en la Colina, Będzin.

Dora con Mirusia durante su cuarto cumpleaños.

Mark con Mirusia durante su cuarto cumpleaños. Mark fotografiaba a Mirusia en cada uno de sus cumpleaños, tradición que terminó en 1942 cuando le confiscaron la cámara. Las fotografías de 1942 se tomaron en un estudio y fueron las últimas que la familia hizo en Będzin.

Maria y Paweł Dyrda, los rescatadores de Mirusia.

Mirusia viste el traje para la nieve hecho con la franela militar robada de la fábrica de Rossner, y un gorro para esconder la cabeza rapada, después de que Maria tuviera que dejar de decolorarle el cabello. Junto a ella está Urszula Dyrda y detrás, Stasiek Dyrda en uniforme militar, de permiso. Sosnowiec-Sielec, invierno de 1943-1944.

1.

Personalausweis

Familienname: Rembiszewski

Vorname: Marian

Beruf: Kaufmann

Geboren am: 30.Oktober 1912

Geburtsort: Bendzin

Kreis: Kattowitz

Staatsangehörigkeit:

Besondere Kennzeichen: Konzentrationslager Nr.178425
Am 12.April 1945 durch die amerikanischen Truppen aus dem KZ-Lager Langenstein-Zwiebergen befreit. Z.Zt. auf der Durchreise, um seine Angehörigen aufzusuchen.

Es wird hiermit bescheinigt, daß der Inhaber die durch nebenstehendes Lichtbild dargestellte Person ist und die darunter befindliche Unterschrift eigenhändig vollzogen hat.

Eigenhändige Unterschrift

Halberstadt, den 28. Juni 1945

Der Oberbürgermeister als Ortspolizeibehörde

Gebühr RM. 1.—

1160/2550

Primera fotografía de Mark después de la guerra, hecha para una identificación emitida por el alcalde de Halberstadt el 28 de junio de 1945. Se lee: «Número 178425, liberado por tropas estadounidenses del campo de concentración de Langenstadt Zwieberge el 4.12.45».

Primera fotografía de Dora después de la guerra, en la que porta el vestido azul marino con el que escapó y que fue su única prenda por meses y su favorita por mucho tiempo más. Sosnowiec, marzo de 1945.

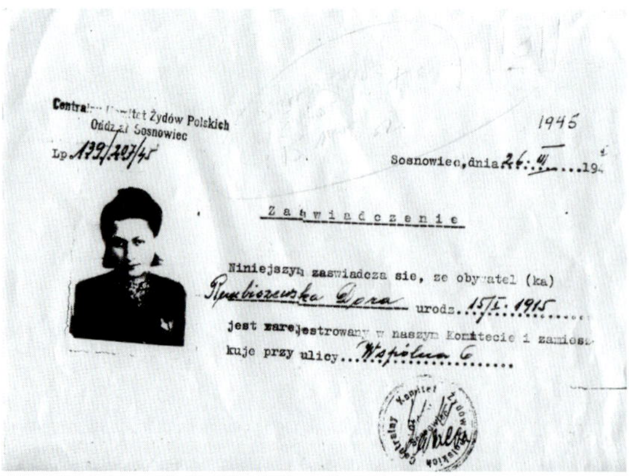
Centralny Komitet Żydów Polskich
Oddział Sosnowiec

Lp. 139/207/45

1945

Sosnowiec, dnia 26.III.....19

Zaświadczenie

Niniejszym zaświadcza się, że obywatel (ka) Rembiszewska Dora urodz. 15/I. 1915 jest zarejestrowany w naszym Komitecie i zamieszkuje przy ulicy Wspólna 6

Certificado de registro de Dora ante el Comité Central de Judíos Polacos. Oficina de Sosnowiec, 26 de marzo, 1945.

Tercera parte

1944, Auschwitz

Está más allá de mi capacidad describir
los horrores de Auschwitz.
Las pesadillas me siguen acompañando muchas noches.
Y los recuerdos ensombrecen mis días.

La liquidación del campo de Koszary

Era el 18 de enero de 1944, durante el quinto año bajo el régimen nazi. Todo el mundo sabía entonces que los estadounidenses y los rusos avanzaban, y eso nos infundía valor. Sin embargo, a pesar de ello, teníamos que seguir enfrentando a diario el miedo de lo que sucedería al momento siguiente. Para Mark y para mí estaba además la ansiedad de que, si nos enviaban a otra parte, perderíamos contacto con nuestra hija.

Ese día, cuando el suelo ya estaba cubierto de blanco y la nieve seguía cayendo pesadamente, las SS nos formaron en una línea en el patio. Llegaron en filas, agitando sus látigos, y separaron a hombres y mujeres. Entre los hombres, pidieron voluntarios para enviarlos a otro campo de trabajos forzados. Podía verlos desde lejos. Miré cómo, uno a uno, se ofrecían dando un paso al frente. Sentí miedo al ver que Mark no se unía a los voluntarios. Me asaltó una idea: que sólo los hombres y mujeres solteros tenían la oportunidad de sobrevivir, y que a las parejas las deportarían directo a los campos de concentración para ser asesinadas ahí. Mis ojos buscaron a Mark hasta que mi mirada se encontró con la suya. Me observaba con miedo e incertidumbre.

Moví las manos, frenética, impulsándolo a incluirse entre los voluntarios, abrumada por el peligro que enfrentaríamos como pareja casada. Contuve el aliento y al fin vi a Mark dar un paso adelante, uniéndose a los voluntarios.

Todo esto ocurrió un día antes de nuestro noveno aniversario de bodas, y así pasamos la víspera, de pie en la fila, bajo una feroz tormenta de nieve. Mark y yo apenas tuvimos la oportunidad de abrazarnos y despedirnos, sin saber si alguna vez volveríamos a vernos.

Durante un largo rato, mi mente no hizo más que dar vueltas, incapaz de pensar. Pero entonces comencé a sentir, cada vez más fuerte, el impulso de huir. ¡Mark ya no está, escápate! ¡Rápido! Si lograba llegar a la Escuela de Policía Montada, tal vez tendría una oportunidad y quizá desde ahí podría ir a buscar a los Dyrda… Sin embargo, en ese momento estábamos bajo una severa vigilancia y no era posible dejar el campo para nada.

Entonces recordé la ventana enrejada de un sótano que conectaba nuestro campo con la Escuela de Policía Montada. Corrí hasta ahí, encontré una vara de acero y traté de usarla para hacer a un lado los barrotes y forzar mi paso entre ellos. Resoplando, sin aliento, casi logré meter la cabeza. No fue suficiente. Empujé y empujé, llena de miedo de que me descubrieran, pero no lograba ir más lejos.

Exhausta, volví como pude al campo y me arrojé sobre el catre. Al quedarme dormida, tuve de nuevo el mismo sueño. Me perseguían las SS y sus perros feroces, y yo corría y corría, me perdía y no encontraba el camino hacia ninguna parte.

Un día después de que trasladaron a Mark, a los demás internos nos enviaron a punta de látigo a la estación de trenes de Będzin. El *Lagerälteste*, el anciano del campo, nos aseguró que íbamos a otro campo de trabajos forzados.

Las SS[14] nos metieron a la fuerza en un tren y cerraron las puertas. Nos pusimos en marcha, alejándonos de nuestra tierra, dejando atrás nuestros sueños y nuestras esperanzas. Todos

---

[14] Las SS se combinaron administrativamente con las fuerzas policiacas para formar una sola institución estatal centralizada y poderosa. Durante la Segunda Guerra Mundial, las SS y los líderes de la policía se convirtieron en la fuerza dominante responsable de perpetrar en toda Europa el genocidio de los judíos y otros «indeseables». [Nota de la edición en inglés].

cargábamos un bulto con pocas posesiones y buscábamos algún lugar para sentarnos.

Me acurruqué en un rincón junto a una ventana con mi amiga Różka Borenstein. Escuchábamos el sonido de las ruedas y tratábamos de adivinar adónde nos llevaban. Pero no pasó mucho tiempo antes de que nos diéramos cuenta de que nos dirigíamos hacia Oświęcim.

Sentí ganas de saltar del tren. Comencé a abrir la ventana y de inmediato oímos el estallido de las metralletas. Różka me jaló a un lado, gritando:

—¡Cierra la ventana! ¡Te van a disparar! ¡Nos matarán a todos!

Intenté controlarme, pero me sentía desesperada, atrapada, sin salida. Pasamos junto al paisaje rural que nos era familiar y fuimos haciéndonos conscientes de la tragedia que nos esperaba. Íbamos de camino a Oświęcim. ¡A Auschwitz! Demasiado pronto el tren comenzó a disminuir la velocidad y se detuvo en una estación, y la estación tenía un letrero, así que ya no hubo duda.

Auschwitz-Birkenau

Todo ese tiempo había estado nevando y había altos montones de nieve. Las SS, con sus perros y sus látigos, abrieron las puertas de los trenes y se pusieron a gritar:

—*Raus! Schnell!* («¡Afuera, rápido!»).

Nos llevaron hacia los andenes. Después nos empujaron en dirección a unos camiones, en los que nos metieron amontonados, y pudimos ver a lo lejos a los prisioneros con sus pijamas de rayas en medio del frío gélido.

Nos bajaron frente a uno de los cuarteles y nos condujeron a un enorme vestíbulo. Nos dijeron que dormiríamos ahí esa noche y que por la mañana iría a vernos un doctor, que seleccionaría a la gente joven para el trabajo.

Un *Kapo* judío estaba a cargo de nosotros. Se apellidaba Berliner y era de Varsovia. Nos explicó que la gente joven y sana tenía oportunidades de sobrevivir, y que a muchos judíos se les mantenía vivos y trabajando tanto en Auschwitz como en Birkenau. Nos motivó a no entrar en pánico y prometió ayudarnos. Llevaba labiales y rubor, para que nos arregláramos por la mañana, ya que era buena idea mostrar una apariencia fresca y saludable en la visita del doctor Mengele.

Exhaustos, algunos se acomodaron para pasar la noche sobre bancas de madera, mientras que otros lo hicieron en el piso de concreto; sin embargo, la mayoría de nosotros éramos incapaces de descansar y temíamos que la mañana trajera consigo la muerte. Una joven mujer intentó suicidarse tragándose una píldora de veneno, pero otro prisionero la detuvo. Durante la noche vinieron a vernos otros prisioneros, que trataron también de tranquilizarnos, nombrando a gente de Będzin que vivía y trabajaba en Auschwitz.

Llegó la madrugada. El *Kapo* Berliner nos instó a vernos lo mejor posible para la revisión del doctor Mengele. Poco después se presentó un oficial de las SS, alto, joven y de alto rango. Se sentó frente a un escritorio y comenzó a separar a los ancianos y a las familias con niños a su izquierda, y a la gente joven y soltera a la derecha. Estábamos aterrados, con las emociones fuera de control. Una mujer corrió hacia el lado de los solteros, abandonando a sus dos hijos. Otra hizo lo mismo, dejando atrás a su hija y a su hijo adolescentes. Había una madre rogándole a su hija que se salvara, que la dejara. Pero la chica se negó y ambas fueron juntas a la cámara de gas. Era una tragedia mirar cómo cada individuo reaccionaba de distinta forma, la fuerza con la que algunos se aferraban a la vida. Todavía puedo verlos, en especial a las madres con sus hijos, todos destinados a la muerte.

Al final, un grupo de mujeres jóvenes recibimos la orden de desvestirnos y hacer una fila, completamente desnudas, para pasar con lentitud frente al *Herr Doktor* Mengele. Una por una, sumidas en el terror, desfilamos frente al hombre que decidiría quién viviría y quién moriría. Sólo a treinta y cinco se nos concedió vivir.

Más tarde el *Kapo* Berliner nos reveló lo cerca que habíamos estado todos de la muerte. Originalmente, el transporte que nos llevó desde Będzin y Sosnowiec estaba programado para ir directo a la cámara de gas apenas llegáramos, pero las SS nos mantuvieron en el vestíbulo por cuestiones de eficiencia: éramos un grupo demasiado pequeño como para usar la cámara de gas sólo con nosotros. Nos tenían esperando para juntarnos con los judíos provenientes de Holanda que llegarían en otro transporte; sin embargo, éste se había retrasado y, entretanto, surgió la necesidad de personal joven y sano que realizara algunas tareas. Por eso, en la mañana hicieron una selección y a algunos de nosotros nos mantuvieron con vida para que trabajáramos para los alemanes.

Tras la selección, unos *Kapos* alemanes nos condujeron a punta de palos hacia otro cuartel, donde tuvimos que entregar nuestras joyas, dinero y ropa. Nos raparon la cabeza y el cuerpo, viendo caer mi cabello inerte al piso. En el sauna, los *Kapos* nos subieron a unos carros y nos obligaron a pasar bajo chorros de agua hirviendo primero y luego helada. Por último, nos hicieron formarnos para entregarnos, arrojándolos, unos harapos y zapatos de madera. Debíamos usar esas pijamas de rayas que, en la jerga del campo, llamábamos *pasiaki*, a las que les faltaban botones o tenían las mangas rotas, o que nos quedaban demasiado holgados o demasiado justos. En el campo principal, la mayoría de los prisioneros llevaba pijamas de rayas gris con azul, pero en los cuarteles de cuarentena nuestra ropa tenía rayas rojas pintadas en la espalda. Si corríamos con suerte, obteníamos un zapato derecho y uno izquierdo, pero de otra forma andábamos caminando con dos zapatos de madera para el mismo pie. Nos daba tanto miedo que los *Kapos* nos golpearan que ni siquiera nos atrevíamos a pensar en pedirles que nos cambiaran los zapatos.

Después de todo esto, cuando nos mirábamos apenas lográbamos reconocernos, incluso entre amigos. Humillados y sin esperanza, nos formábamos de nuevo, esta vez para que nos tatuaran números en el antebrazo izquierdo. Yo me convertí en la prisionera número 74733. Fuimos esclavos entonces, sin nombre ni derechos.

Entre la confusión y el aturdimiento, me sorprendí a mí misma: a pesar de todas las inspecciones y el caos, había logrado aferrarme a un billete de cien marcos, que tenía escondido en la vagina, y a una pequeña foto que escondía en la planta del pie. La fotografía, tomada por Mark en Będzin en 1941, me mostraba con la banda judía, sosteniendo la mano de mi hija el día de su tercer cumpleaños.

Cuarentena

Los *Kapos* nos reunieron y nos ordenaron cumplir una cuarentena para asegurarse de que ninguna de nosotras tenía alguna enfermedad contagiosa. Nos empujaron con sus garrotes hasta un cúmulo de cuarteles cercano, donde había cientos de mujeres en literas, algunas con una mirada extraña, de profunda desesperación, y otras que parecían enfermas pero temerosas de admitirlo. Nos advirtieron que si nos enviaban a la *Revier*, como llamaban a la enfermería, la siguiente parada era el crematorio.

La *Stubenälteste*, la líder de la habitación, una joven judía llamada Itka, estaba a cargo de mantener el orden en nuestro cuartel. Nos mostró las literas de madera, donde dos de nosotras tendríamos que compartir una sola cama. Viendo las condiciones del lugar, Różka y yo optamos por una cama superior porque preferíamos no tener a nadie arriba que pudiera orinar sobre nosotras.

La primera noche en la cuarentena la pasé recostada sobre la litera, sintiendo toda la miseria que me rodeaba y pensando que me iba a volver loca. Esa noche el sueño nunca llegó.

Con el pasar de los días en cuarentena, vi la muerte en cada rincón de la habitación. Filas y filas de literas de madera y sólo una luz tenue que ardía por la noche. Mujeres, jóvenes y viejas, sin moverse, aferrándose apenas a su propio aliento. Algunas conservaban todavía alguna chispa en los ojos, algún ligero movimiento en el cuerpo, y me parecía que era así como enfrentaban el dolor y el terror.

Pero otras se veían como si hubieran abandonado toda esperanza. Famélicas, rotas en cuerpo y alma, sólo estaban esperando que la muerte llegara por ellas. No tardamos en aprender que a un prisionero en ese estado se le llamaba *Muselmann*, un esqueleto humano, un muerto que camina. Aun así, por las noches tenían que arrastrar su humanidad a las letrinas como el resto de nosotras, a pesar de las nevadas, el lodo y los vientos feroces. Ahí, el hedor era insoportable. Vi a mujeres con diarrea —incapaces de salir del agujero de la letrina, demasiado débiles para arrastrarse de regreso a sus cuarteles en el frío de muerte— recibir los golpes inmisericordes de las *Kapos* a cargo de las letrinas. Yo agradecía las pocas veces que nos permitían ir a las regaderas. Aunque el agua siempre estaba hirviendo o helada, me ayudaba a mantener con vida el cuerpo y el espíritu.

La cuarentena estaba ubicada en la parte del campo perteneciente a Birkenau, en la margen izquierda del río Sola, a unos tres kilómetros del campo principal, Auschwitz. Birkenau estaba cercado por un alambre electrificado y guardias dentro y fuera de las rejas. No pasó mucho tiempo antes de que me tocara presenciar cómo una mujer se arrojaba contra el alambre para terminar su miseria.

Nunca, nunca, vi un cielo azul en Birkenau. El cielo se mantenía siempre gris por el humo que salía día y noche de las chimeneas de los cuatro crematorios. En Birkenau había cuatro cámaras de gas, cada una con su propio crematorio, funcionando sin parar. Cuando alguien ingresaba, se le despojaba de todas sus posesiones; éstas se guardaban en *Effektenkammern*, bodegas en las que había prisioneros asignados para seleccionar las cosas que tuvieran algún valor y pudieran enviarse a Alemania. Muchos de los que llegaban en los transportes eran asesinados apenas alcanzaban su destino, hombres, mujeres y niños, lo que dejaba mucha ropa y otras posesiones para clasificar. Pero la labor más pesada la realizaban los prisioneros asignados a los *Sonderkommandos*,[15] es decir, aquellos obligados a trabajar en las cámaras de gas y los crematorios.

Un día helado en el que un sol pálido brillaba con dificultad en el cielo gris, me reuní con un grupo de mujeres afuera del cuartel de cuarentena para tomar algo de aire; de pronto, vimos a lo lejos cómo subían las llamas desde el campo principal de Auschwitz hacia el cielo. Nos quedamos mudas. Una de las prisioneras dijo que las llamas eran las de un incendio en el que se estaban quemando niños vivos porque a los alemanes se les había acabado el gas para las cámaras. ¿Cómo podía ser verdad una cosa así? Me arrastré de vuelta a mi litera y pasé horas pensando en mi Mirusia, rezando por su seguridad. Había oído historias de niños escondidos que habían sido traicionados, capturados por la Gestapo y finalmente enviados a Auschwitz para ser quemados.

Al menos sabía dónde estaba Mirusia y esperaba que siguiera a salvo oculta con los Dyrda. Pero añoraba recibir noticias sobre el paradero de mi esposo, mi madre, mis hermanas y mi hermano menor. No había tenido información de ninguno de ellos desde su deportación en Będzin.

Luego, un día, una joven se me acercó en el cuartel y me dijo que había escuchado que yo era hermana de Regina Blumenkranc, y quería saber si era cierto.

—Sí —respondí con la esperanza de recibir noticias suyas—, Regina es mi hermana.

Y así fue como supe del destino no sólo de Regina, sino también de mi hermana menor, Mania. La mujer me contó que había trabajado con Regina en una fábrica textil en el campo de Sudetenland. Ahí, la Gestapo había descubierto que un soldado

---

[15] Los *Sonderkommandos*, o «unidades de comando especial», eran escuadrones de judíos forzados a trabajar en las cuatro cámaras de gas de Auschwitz-Birkenau y a incinerar los cuerpos de las víctimas en los crematorios. Una vez terminada su tarea, también los asesinaban. [Nota de la edición en inglés].

de las SS tenía un amorío con una interna judía, lo que llevó a que toda la población del campo fuera enviada a Auschwitz como castigo. Cuando las pusieron en cuarentena en Birkenau, Regina supo que Mania había ingresado antes que ella: a Mania la deportaron a Birkenau durante la liquidación final del gueto de Będzin en agosto de 1943. Para el momento en que Regina llegó, Mania estaba ya mortalmente enferma de tifus. Intentó ayudarla, pero no pudo hacer nada. En una selección, mandaron a Mania a la cámara de gas. Tenía apenas dieciocho años.

La muerte de nuestra hermana menor fue demasiado para Regina. Se negaba a comer y cada día estaba más débil y enferma. La mujer me contó que las amigas de Regina trataban de convencerla de que comiera, se lo suplicaban, pero de nada servía. Regina se rindió. Así que, en la próxima selección, la colocaron del lado izquierdo, entre los elegidos para morir. Tenía veinticuatro años.

Al principio, mi mente se negaba a asir el hecho de que mis dos hermanas estaban muertas. Había esperado tanto, había pensado con tantas fuerzas en su supervivencia. No podía llorar siquiera, sólo podía permanecer tumbada toda la noche sobre la litera, pensando en mi familia. No podía aceptar la horrenda posibilidad de que yo fuera la única que seguía viva.

Y sin embargo era verdad, aunque no fue sino hasta después de la guerra que supe lo que le había ocurrido al resto de mi familia: durante la *Aktion* de liquidación final en el gueto de Będzin, las SS buscaron a mi familia. En ese momento, mi hermano Jakub robó una de sus pistolas. Mientras forcejeaba con uno de los soldados, otro le disparó de muerte. Jakub tenía veintidós años. A mi madre, de apenas cincuenta y uno, y a Emil, mi hermano menor, de dieciséis, los deportaron en las redadas de liquidación y murieron en Auschwitz.

Esa noche, recostada sobre la litera, recordaba lo común que era el cabello rubio en mi familia inmediata. Tanto mi madre como mis hermanos y hermanas eran rubios. Resultaba doloroso pensar en la facilidad con que habrían pasado por no judíos. Me quedé ahí, imaginando lo que podría haber sido. Me sentía absolutamente sola. Y culpable. Quería gritar: «Dios mío, ¿cómo permitiste que todo esto ocurriera? ¿Por qué? ¿¡Por qué!?». Y la única respuesta era el silencio que me rodeaba.

Por un largo tiempo, fui de un lado a otro, deprimida, reflexionando de manera constante en mi familia. Luego de un rato, me detuvo un pensamiento: «Mi hija necesita a sus padres. Debo ser fuerte. Tengo que sobrevivir». Y no perdía la esperanza de que Mark también fuera fuerte, de que podríamos superar los momentos trágicos que también él debía estar atravesando. En esos tiempos, no era fácil luchar contra las propias emociones.

Los momentos trágicos no pararon. Con frecuencia oíamos de otra prisionera que había llegado al límite y se había arrojado a las rejas electrificadas para terminar con su vida. De alguna forma, logré sobrevivir a la cuarentena, un día a la vez, con la esperanza de soportar, de que mi espíritu aguantaría. La muerte estaba siempre cerca, pero en ocasiones la vida podía ser más fuerte.

Mientras esperaba que finalizara el periodo de cuarentena, trataba de aprender tanto de otras mujeres como del funcionamiento del campo. Ahí, en Birkenau, había muchos lotes de cuarteles, numerados y ordenados según los grupos de prisioneros asignados y los «crímenes» por los que los alemanes los habían enviado al campo. Había cuarteles separados para judíos, gitanos y prisioneros de Rusia, Gran Bretaña y Francia. Y también había alemanes arrestados, principalmente por faltas criminales, políticas o prostitución. Los prisioneros políticos llevaban parches rojos; los criminales ordinarios, verdes; las prostitutas, negros.

La comida era una preocupación constante. Era muy difícil acostumbrarse a las magras porciones de margarina, café *ersatz* («falso») y salchichas.

Comencé a aprender cómo «organizarse» en el campo, lo que hacía posible la supervivencia. Era cuestión de lograr intercambios de ropa y comida, o de robar cosas de las que pudieras hacerte en tu trabajo para luego intercambiarlas o venderlas. Quienes tuvieron la fortuna de meter algo de dinero o joyería, y lograron conservarlo, podían conseguir comida o ropa de inmediato. Yo era una de las afortunadas. Todavía guardaba el billete de cien marcos que había ingresado de contrabando al campo, enrollado y escondido en mi vagina. Lo cambié por un par de botas de cuero, que me ayudaron a sobrevivir a la crudeza de los inviernos. Algunas mujeres aprovechaban la comida o la ropa que recibían desde los cuarteles de los hombres, donde tenían familiares.

Recuerdo una ocasión en que mi amiga Różka y yo decidimos no comernos el pan y, en vez de eso, guardarlo para cambiarlo luego por unos pañuelos para cubrirnos las cabezas rapadas, que siempre estaban heladas. Escondimos el pan debajo del saco de paja de las literas, pero cuando volvimos al día siguiente para hacer el intercambio, nos dimos cuenta de que lo habían robado.

Otro día, uno de frío extremo en el que la nieve crujía bajo los pies, mis ojos captaron algo. Era un pequeño diamante, ¡brillando entre la nieve! Lo levanté de inmediato y al día siguiente lo intercambié por un trozo extra de pan.

En algún momento recibimos unos paquetes de comida. Nos explicaron que provenían de la Cruz Roja, aunque también se decía que los habían enviado los familiares de otros internos ya fallecidos. Para Różka y para mí, ese paquete fue como maná caído del cielo. Nos comimos una parte e intercambiamos lo que sobró con otras prisioneras por pañuelos para la cabeza y pantalones de franela.

Todavía en la cuarentena, después de que nos dieron un permiso para caminar por el campo de mujeres, Różka y yo solíamos vagabundear entre los lotes. Un día nos detuvimos junto a un montón de cenizas, porque yo había notado algo que sobresalía entre ellas: eran unas tijeras grandes y unas pinzas. Las añadimos a la lista de posesiones que compartíamos entre las dos: un plato para sopa, un vaso y una cuchara.

La fábrica de munición Union

El tiempo de cuarentena llegó finalmente a su término. A los sobrevivientes se les asignaron diversos trabajos. Algunos se encargaban de la distribución de ropa y comida en las cocinas, del lavado de ropa o de diferentes tipos de talleres. Otros incluso desempeñaban sus oficios o profesiones. Los doctores y enfermeras eran enviados por las SS a trabajar en los «hospitales» o en los laboratorios donde se llevaban a cabo «experimentos» en seres humanos como si fueran conejillos de indias. También había *Aussenkommandos*, destacamentos exteriores, compuestos por grupos de prisioneros enviados a trabajar fuera del campo en las fábricas que producían suministros para los refuerzos de guerra de los nazis.

A los sobrevivientes de nuestro grupo, procedente de Będzin y Sosnowiec, se les asignó a uno de esos destacamentos exteriores: el *Union Kommando*, una unidad de trabajo que iba a la Union Fabrik, una fábrica privada de munición ubicada en los terrenos del campo principal de Auschwitz. A Różka y a mí, junto con otras mujeres de Będzin, nos tocó el turno nocturno. Cada noche, antes de ir a trabajar, debíamos reunirnos en la *Appelplatz*, el lugar del pase de lista. Ahí las *Kapos* alemanas nos contaban, nos formaban y nos hacían cruzar las puertas de Birkenau a paso veloz y al ritmo de las marchas interpretadas por una orquesta compuesta por prisioneras. Los guardias que nos escoltaban llevaban los rifles listos e iban acompañados de cerca por sus aterradores perros guardianes. Diariamente teníamos que marchar tres kilómetros de Birkenau a Auschwitz, y de regreso, una vez terminado el turno, incluso durante las tormentas de nieve y las heladas.

La fábrica de munición Union era una de las plantas de trabajo forzado de la compañía Krupp en Auschwitz. Operaba las veinticuatro horas produciendo pólvora y protecciones para la *Wehrmacht*, el ejército alemán. El edificio de la fábrica tenía por doquier unos ventanales enormes que iban del techo al piso, y todo el tiempo estábamos bajo la vigilancia de hombres y mujeres de las SS, así como de los *Kapos* alemanes. Ahí trabajábamos juntos hombres y mujeres, supervisados por un *Meister* alemán, un civil que fungía como capataz. Las SS y los *Kapos* se paseaban entre nosotros para asegurarse de que poníamos todo nuestro esfuerzo en el trabajo.

A pesar de estar en la fábrica de Union, tuve la fortuna de que me asignaran a una máquina en la que podía sentarme mientras trabajaba. Mi tarea era inspeccionar la calidad de las protecciones. Otros no tenían la misma suerte y debían permanecer de pie junto a las máquinas, que escupían un aceite caliente que les irritaba la piel. Los pies se les hinchaban de estar parados la noche entera trabajando. Cada uno de nosotros debía producir un determinado número de protecciones. Intentábamos cuidarnos entre nosotros, asegurarnos de que nadie se quedara dormido y que todos estuvieran alerta, y avisarnos si algún miembro de las SS se acercaba.

Los dos *Meister* alemanes que supervisaban nuestro departamento eran unos hombres en sus treintas tardíos que llegaban diario vestidos de civil. Afortunadamente, ambos eran seres humanos decentes y en general nos trataban bien. Nuestra *Kapo* era una prisionera alemana llamada Anita, una joven rubia de cara redonda y cacariza, con una voz profunda y ronca. La habían arrestado por prostitución y la habían enviado a Auschwitz. La mayor parte del tiempo era buena con nosotros y a veces incluso nos daba algo de pan; vimos, en cambio, a otros *Kapos* sádicos golpear prisioneros sin piedad cuando no cubrían sus cuotas.

Los domingos se nos permitía quedarnos en los cuarteles. Ése era el día que podía limpiar mis preciadas botas y, para preservarlas, frotaba el cuero con la pequeñísima porción de margarina que recibíamos en la ración diaria de comida. También lavaba mi ropa interior y, si no se secaba a tiempo, especialmente durante el invierno, me la ponía húmeda el lunes para que se secara sobre mi cuerpo.

Si el clima nos lo permitía, los domingos algunas de nosotras nos reuníamos afuera del cuartel y hablábamos de cómo sería recuperar la libertad. Para darnos ánimos, bromeábamos unas con las otras, recordando nuestra comida favorita y su preparación, e inventábamos menús hasta que se nos hacía agua la boca y teníamos que parar.

El hambre nunca nos abandonó. Por fortuna, desarrollé un sistema para gestionar las raciones del campo, junto con la disciplina para hacerlo funcionar: no me comía el pan de inmediato como las demás, que luego se sentían hambrientas el resto del día. En lugar de eso, por la mañana cortaba en dos el trozo de pan y sólo comía la mitad. De esta manera, podía comerme la otra, que llevaba conmigo a todas partes, más tarde.

Incluso cuando me enfermaba, soñaba despierta con ser libre y contar con comida suficiente para satisfacer el hambre. La enfermedad siempre nos asustaba. Si nos enfermábamos, hacíamos lo posible por no admitirlo para no llamar la atención, porque sabíamos que rara vez alguien regresaba de la supuesta «enfermería».

Recuerdo una ocasión en la que marché hacia el trabajo hirviendo de fiebre entre la nieve, que me llegaba a las rodillas; lo logré apenas gracias a dos amigas que iban sosteniéndome, una a cada lado. En otro momento se me infectó un diente y la cara se me hinchó tanto que lo único que podía hacer para que los alemanes no se dieran cuenta era rezar.

Algunas pedíamos que ocurriera un milagro, y de pronto todas las que pertenecíamos al *Union Kommando* recibimos algo que, aunque no calificaba como milagro, definitivamente eran buenas noticias inesperadas. Después de casi medio año soportando las condiciones inhumanas de Birkenau, trasladarían nuestros cuarteles a Auschwitz, al campo principal, más cerca de la fábrica. Era un alivio que ya no sería necesario recorrer el largo trayecto de ida y vuelta durante las heladas. Nuestros nuevos cuarteles los habían ocupado antes unos soldados alemanes, así que las condiciones de vida mejoraron de manera considerable. Los baños, los lavabos y las regaderas estaban en el mismo piso que los dormitorios, y ya no teníamos que sufrir la tortura de las largas caminatas nocturnas a la letrina. También las raciones de comida mejoraron un poco: recibíamos un trozo más grande de pan, mientras que la sopa contenía vegetales reales y, en ocasiones, incluso pedacitos de carne.

Íbamos sintiéndonos mejor, más humanas, conforme el cabello volvía a crecer en nuestras cabezas rapadas. Sin embargo, descubrimos que todas habíamos dejado de menstruar y nos dijeron que se debía a los químicos que ponían en nuestra comida. Algunas creían que esos mismos químicos las habían hecho subir de peso a pesar de la magra dieta que llevábamos.

Un día, presenciamos algo impactante. Se ordenó a todos los prisioneros judíos que se reunieran en el patio para un pase de lista especial. Temíamos cualquier cosa «especial» y, mientras esperábamos, teníamos miedo hasta de movernos. Entonces, a la distancia, escuchamos en las bocinas, como un trueno, la voz de un hombre de las SS anunciando que atestiguaríamos la ejecución de unas mujeres judías que habían saboteado la fábrica de municiones Union. Y la voz gritó una advertencia:

—Quien cometa sabotaje recibirá el mismo castigo que estas mujeres: ¡muerte por ahorcamiento!

Nunca voy a olvidar a las jóvenes mártires, de pie a la lejanía, con los ojos vendados. Una de ellas, en el último momento, mientras le colocaban la soga en el cuello, levantó en alto el puño y gritó en polaco:

—*Zemsta!* («¡Venganza!»).

Las SS las dejaron colgadas. Una muerte lenta. Y a nosotras nos mantuvieron ahí, de pie, mirándolas por horas, hasta que al fin nos regresaron a los cuarteles.

En el camino de vuelta, una amiga de Będzin me explicó que dos de las jóvenes ejecutadas eran de nuestra ciudad. Una de ellas era Ala Gertner y la otra, a quien yo conocía bien, era Regina Safirsztajn. Las otras dos provenían de Ciechanów, y mi amiga me dijo sus nombres: Róża Robota y Ester Wajcblum. Tres de ellas trabajaban en la misma fábrica de munición que nuestro grupo, pero en otra sección, el llamado *Pulwer Pavillon*, o Pabellón de la Pólvora, donde se producía esa sustancia. La historia que oímos después contaba que, por un largo periodo, las mujeres habían estado robando pólvora de la fábrica, escondida en las uñas y en las costuras o los dobladillos de la ropa. Habían logrado llevar esa pólvora a los prisioneros de los *Sonderkommandos*, quienes trabajaban en las cámaras de gas y los crematorios y, como ellas, eran parte del movimiento clandestino de resistencia en Auschwitz. Los hombres de los *Sonderkommandos* hicieron explosivos con la pólvora y volaron uno de los crematorios, e incluso mataron a algunos oficiales de las SS. Supimos que la mayoría de los prisioneros de los *Sonderkommandos* había muerto durante el levantamiento, incluidos muchos jóvenes de Będzin, lo que nos llenó de orgullo.

Si, en ese entonces, lo que hicieron esas mujeres se consideraba sabotaje, hoy en día debemos recordarlas como heroínas. Lamentablemente, mientras escribo esto, mi memoria sigue colmada de momentos trágicos. Espero que la historia nunca, de verdad nunca, se repita; que nunca vuelva a producir a esos monstruos que destruyen a la gente inocente e indefensa.[16]

En la fábrica de munición Union, la producción continuó como antes. Un día, uno de nuestros *Meister* alemanes me preguntó si yo sabía escribir en alemán y, en cuanto le contesté que sí, me asignó la tarea de registrar la producción diaria de

---

[16] Durante el levantamiento de Auschwitz-Birkenau del 7 de octubre de 1944, hubo una explosión en el Crematorio 4, que quedó parcialmente destruido y no se utilizó de nuevo. Todos los prisioneros de los *Sonderkommandos* fueron asesinados. A las cuatro jóvenes las torturaron durante tres meses, pero al parecer no dieron más nombres que los de prisioneros de los *Sonderkommandos* que ya habían muerto. Fallecieron ahorcadas entre el 5 y el 6 de enero de 1945, doce días antes de la apresurada evacuación y el posterior abandono de Auschwitz-Birkenau. [Nota de la edición en inglés].

nuestro departamento. Antes de mí, ese trabajo lo realizaba un judío francés llamado Weil, a quien habían transferido a otro departamento. Traté de ocultar mis temores respecto a la responsabilidad de mi nueva labor, pero pronto me acostumbré y me gustaba poder moverme libremente por nuestra sección, recolectando protecciones y llevando el registro de la producción. Cuando tenía la oportunidad, ayudaba a nuestra gente a robar protecciones de los montones que dejaba el turno anterior y añadirlas al registro de nuestro turno.

Una vez, en el trabajo, me quedé en el baño un poco más de lo usual y una de las mujeres de las SS notó mi ausencia de inmediato. Le dijo a la *Kapo* Anita que fuera por mí y Anita entró corriendo al baño gritando:

—¡Corre! ¡Regresa a trabajar! ¡La mujer de las SS te está buscando!

Salí corriendo de inmediato. La mujer de las SS me llamó adonde estaba y me dio un golpe en la cara, y luego otro más, sólo por haberme tardado más de lo habitual. Me dieron ganas de escupirle en la cara, pero me tragué mi amargura y la mujer se fue mientras las lágrimas rodaban por mis mejillas, enfriándolas un poco. Después, Anita se me acercó, me miró a los ojos y afirmó:

—Eres una chica demasiado valiente como para llorar por culpa de ella.

Sabíamos que Alemania estaba perdiendo la guerra y no dejábamos de esperar buenas noticias del frente. De pronto, las cosas cambiaron y comenzaron a circular los rumores de que los rusos y los estadounidenses se aproximaban adonde estábamos. Nuestros supervisores alemanes no se veían tan cómodos como antes, sino más bien tensos y nerviosos. Una vez, uno de los *Meister* me dijo:

—La guerra va a acabar pronto, ¿sabes?

Y luego en la siguiente ocasión:

—Cuando la guerra termine, todo va a ser mejor para ti; no así para nosotros.

Entonces, justo durante nuestro turno de la noche, llegó el primer bombardeo aéreo. Se activaron las sirenas y se apagaron las luces. Podía escuchar el rugido de los motores de los aviones y empezaron a caer las bombas. Las SS y los *Meister* corrieron a sus búnkeres, mientras que los prisioneros tenían que buscar refugio bajo las máquinas y las mesas. Un impacto cercano cimbró la fábrica, pero para nosotros, apretujados bajo las máquinas, ése era el sonido de una salvación próxima, el sonido de la esperanza. Hubo otros bombardeos conforme acababa el año 1944.

Una tarde de domingo, hacia finales de diciembre, estaba descansando en mi litera, soñando despierta con la libertad y preguntándome cómo estarían mi esposo y mi hija. Necesitaba saber cómo se había acostumbrado Mirusia a la muerte de Maria Dyrda, cómo la trataba el señor Dyrda y cómo se sentía en general. Esperaba que mi ausencia no estuviera causándole tanto sufrimiento como al inicio. De Mark no había tenido información alguna desde el día en que se unió a los voluntarios para el campo de trabajos forzados hacía casi un año. Me preguntaba dónde estaría, cómo estaría y cómo había lidiado con nuestra separación. No perdía la esperanza de que hallaría la fuerza para superar las duras condiciones en las que debía de encontrarse…

Escuché unos pasos acercarse. Era Anita, la *Kapo* alemana, quien llevaba en la mano un paquetito.

—Acaban de liberarme —me contó—. Me voy a casa, con mi hijo y mi familia. ¡No pierdas la esperanza! Pronto acabará la guerra y todos seremos libres. Aquí tienes algo de comida, pero escóndela, rápido.

Y, con lágrimas en los ojos, nos deseamos suerte y nos dijimos adiós.

La evacuación de Auschwitz

El 15 de enero de 1945, el día en que cumplí treinta años, se nos ordenó a todos los prisioneros de Auschwitz-Birkenau ir por nuestras raciones de comida y prepararnos para la evacuación. Marcharíamos hacia un campo en algún lugar de Alemania. Para entonces, teníamos noticias de que los rusos se acercaban y habíamos oído el rumor de que los alemanes planeaban liquidar el campo y enviar en camiones la producción entera de las bodegas a Alemania.

El campo estaba en caos y las SS perdieron parte de su control de hierro. Los prisioneros, incluidos los *Kapos*, se arremolinaban sin saber adónde ir, y algunas personas entraron en pánico e iban de un lado al otro preguntando:

—¿Qué crees que esté pasando? ¿Qué piensas hacer tú?

Muchos de los lugares de trabajo ya estaban abandonados. Al pasar junto a una bodega de ropa, vi que los prisioneros habían tirado las puertas y habían tomado lo que pudieron. La mayor parte de la ropa que quedaba parecía tener esas anchas rayas rojas que hacían que los prisioneros que la usaban pudieran distinguirse desde lejos. Yo tomé un vestido tejido de color azul marino y un pañuelo de seda roja para la cabeza. Afortunadamente, ninguna de esas prendas estaba marcada con esas rayas.

Como la evacuación ocurrió en lo más profundo del invierno y no teníamos abrigos ni ropa para el frío, todo mundo trataba de vestirse con la mayor cantidad de prendas posible. Algunos internos se pusieron tantas capas de ropa como encontraron, y otros se echaron cobijas y sábanas sobre los hombros. Yo me puse la pijama a rayas sobre el vestido azul y una chaqueta que hallé. También di con un trozo de cinta, con el que me cubrí el 74733 tatuado en el brazo bajo del triángulo que quería decir «judío».

La marcha de la muerte

Nos sacaron marchando la noche del 18 de enero, a una temperatura bajo cero que debió estar por debajo de los menos dos grados. Salimos por las puertas del campo de la muerte, dejando atrás los cientos de miles de almas inocentes que habían muerto ahí a manos de los nazis.

De camino hacia lo desconocido, en medio de la noche, entre los pueblos y los campos de agricultura, respiramos el aire fresco del mundo libre. Pero seguíamos siendo prisioneros de los nazis. Caía la nieve. Los hombres de las SS y sus perros avanzaban a nuestro lado, a un paso más rápido del que muchos de nosotros podíamos mantener. Mi amiga Różka y yo nos aferramos una a la otra, ayudándonos a continuar en pie entre la nieve traicionera, con el miedo de que nuestros pies cedieran ante el dolor provocado por el frío. Los hombres de las SS no dejaban de gritar:

—¡No se detengan! ¡Deprisa! ¡Muévanse rápido! ¡Más rápido!

La caminata no parecía terminar nunca, y apenas había comenzado.

A quienes caían y no tenían la fuerza para levantarse les disparaban ahí mismo o los abandonaban para que se congelaran. La nieve nueva cubría sus cuerpos junto con las últimas chispas de esperanza y su último aliento de vida.

Nos indicaron que, para evitar los bombardeos rusos diarios, marcharíamos sólo de noche y descansaríamos durante el día. Una mañana, en Poręba, llegamos bajo la luz gris del día a una granja polaca. Los *Kapos* nos instruyeron para que ocupáramos los establos esparcidos por el lugar, mientras las SS hacían guardia afuera. Era un alivio poder al fin reposar y tener un refugio. Nos dijeron que reemprenderíamos el trayecto al ocaso, para continuar el camino hacia el oeste. Todos nos pusimos a buscar un sitio para recostarnos y dormir.

No había forma en que yo pudiera conciliar el sueño. Pensaba y pensaba, anhelando la libertad y a mi hija. Desde que nos habíamos puesto en marcha, no dejaba de buscar una manera de huir para reunirme con ella. La libertad parecía estar a la vuelta de la esquina y al mismo tiempo, tan lejana. Entonces escuché a unas mujeres planear su propio escape. Llevaban algunas posesiones escondidas en el cuerpo para costearlo. A mí no me quedaba nada, pero esa parte de Polonia era mi tierra. Conocía la zona rural, así que me les acerqué y les dije que podía proveer un escondite para todas. Les gustó mi idea y me aceptaron; no obstante, se negaron a incluir a mi amiga Różka. Temían que, si nos acompañaba, el grupo sería ya demasiado grande y el riesgo sería mayor. Las comprendía, aunque la situación me decepcionaba mucho y me sentía mal de dejar atrás a mi amiga. Sin embargo, como no llevaba un centavo, me daba miedo no encontrar otra oportunidad y en un arranque decidí que no tenía más opción que unirme a ellas.

No había tiempo que perder. El sol se ocultaría pronto y la evacuación se pondría de nuevo en marcha. No muy lejos del establo había una letrina, que decidimos utilizar como punto de partida para el escape. Estaba por anochecer cuando me encaminé hacia allá. Me quité la pijama a rayas y me quedé sólo con el vestido azul marino. Al salir de la letrina, las cuatro mujeres ya me esperaban.

Caminamos hacia una granja cercana y le dijimos a las mujeres de ahí que éramos fugitivas polacas y que necesitábamos refugio para la noche. Nos dejaron quedarnos con ellas, entonces recibimos la visita inesperada de un vecino suyo, un hombre joven que se puso a hablar con nosotras. Nos contó que los rusos se aproximaban cada vez más y nos hizo preguntas sobre el campo.

—¿Cómo era ese lugar? ¿Qué clase de trabajo hacían allí?

Cuando se fue, sospechamos de él, temerosas de que pudiera traicionarnos. Decidimos entonces separarnos en dos grupos y buscar ayuda en otras granjas.

Una de las cuatro, Rachela, me expresó que quería ir conmigo. Me dijo que tenía monedas de oro que había encontrado en la ropa que le habían asignado clasificar en el campo. Rachela y yo nos deslizamos en plena oscuridad hacia otra granja cercana. Tocamos a la puerta y una joven nos permitió entrar. Le explicamos que éramos fugitivas polacas de camino a casa tratando de encontrar un lugar donde pasar la noche, y Rachela le ofreció dos monedas de oro. Pronto, la joven fue acompañada por su madre, que estuvo de acuerdo en recibirnos. Acercaron una escalera y nos instaron a escondernos en el ático, donde guardaban el heno, con el cual nos cubrimos.

Posteriormente, quitaron la escalera y nos dejaron dentro, solas. Poco después escuchamos fuertes golpes y gritos, las voces de los alemanes exigiendo información sobre mujeres fugitivas de la evacuación, y las voces de las mujeres respondiendo que no habían visto a ninguna. Oímos alaridos y el sonido de las metralletas en medio de la noche. El tiroteo continuó mientras Rachela y yo permanecíamos bajo el heno, inmóviles. Poco a poco, los disparos pararon y volvió el silencio nocturno.

Mucho más tarde oímos la voz de la joven llamándonos:

—Gracias a Dios que están a salvo —dijo—. El transporte ya se fue, ya pueden bajar.

Salimos a rastras de entre el heno y bajamos del ático. La madre estaba sentada cerca de la estufa, calentándose. Nos dijo que teníamos suerte de haber estado escondidas en el ático. A muchos prisioneros que habían tratado de escapar les habían disparado, y las SS habían registrado varias granjas. A algunos los atraparon y los obligaron a regresar al transporte. La hija, cuyo nombre, según nos dijo, era Marta Copek, añadió:

—Qué alegría que ya se terminó.

Pero para Rachela y para mí no había terminado. Con las SS y la Gestapo en mente, temíamos por nuestras amigas. Entonces miré fuera, hacia la noche, y pensé en Mark. Era 19 de enero, día de nuestro décimo aniversario.

Teníamos miedo de irnos tan pronto y ambas mujeres dijeron estar dispuestas a dejar que nos quedáramos. Al día siguiente, Marta volvió de la ciudad y nos contó que los alemanes estaban huyendo y que los rusos se acercaban, aunque nadie sabía cuán cerca estaban. Nos dijo que ambas éramos bienvenidas a quedarnos tanto tiempo como deseáramos. Pero yo anhelaba llegar a Sielec, el suburbio de Sosnowiec donde se escondía mi hija, y traté de persuadir a Rachela de que fuera conmigo. Al inicio no quería abandonar aquel lugar, por el miedo a que nos reconocieran por ser judías; sin embargo, al final la convencí de que los alemanes estarían menos interesados en eso y más preocupados en salvar su propio pellejo de los rusos.

A la mañana siguiente, le comunicamos a Marta nuestra decisión de ir a Sosnowiec, explicándole que teníamos parientes ahí. Nos dijo que los alemanes habían tomado el control de todos los vehículos y que, a menos de que tuviéramos la suerte de encontrar un caballo o una carreta, tendríamos que caminar hasta allá. Cuando Marta se dio cuenta de que nuestra intención era real, nos confesó su temor de que nos congeláramos en la intemperie. De inmediato nos proporcionó un abrigo de invierno y una chaqueta, y también nos entregó a cada una algunos marcos alemanes para el transporte. Rachela le dio otra moneda de oro en agradecimiento. Tanto a Marta como a su madre les expresamos lo agradecidas que estábamos por todo lo que habían hecho por nosotras, y ellas, tristes, lamentaron que tuviéramos que irnos y nos desearon suerte.

A la mañana siguiente, muy temprano, Marta nos acompañó al pueblo cercano para indicarnos la dirección a seguir. Nos había escrito los nombres de los pueblos y las ciudades por las que debíamos pasar. Como despedida final, me entregó una foto suya en la que tenía el cabello rubio bien recogido, la cual conservo en su memoria después de todos estos años.

La guerra no había terminado. Había vehículos armados en las calles. Los alemanes, caminando, a caballo o en bicicleta, se dirigían hacia el oeste, lejos del avance de los rusos. Los polacos iban en todas direcciones. Era un caos y nadie nos ponía atención ni a Rachela ni a mí en nuestro trayecto al este, a pie hasta el siguiente pueblo.

Avanzamos por la carretera, junto a campos y prados enterrados en la nieve. Luego, a la distancia, advertimos a la policía alemana patrullando la vía. Corrimos entre caminos angostos hacia los árboles, donde las ramas estaban bajas y cubiertas de hielo y nieve. Vimos a lo lejos el resplandor de unas luces y marchamos hacia ellas; iban a la par de unas vías ferroviarias, así que decidimos seguirlas. Teníamos la impresión de que, si no nos alejábamos de las vías, había menos riesgo de perder el sentido de dirección, aunque nuestra energía comenzaba a flaquear y temíamos congelarnos en esa temperatura bajo cero.

Tuvimos que caminar por horas, y teníamos hambre y frío, porque no había más que el hielo para saciar la sed. Decidimos salir de entre los árboles en busca de alguna casa en la que pudiéramos calentarnos un poco. Apenas llegamos al campo abierto, comenzó una tormenta de nieve acompañada de un viento que hacía difícil respirar. Luego nos topamos con un guardia alemán que de inmediato se puso a gritar:

—*Halt!* («¡Alto!»).

Enmascarando nuestro miedo, le explicamos con serenidad que íbamos de camino al pueblo más cercano para recoger a los niños de nuestra hermana, que estaban enfermos. Nos dijo que, si queríamos continuar, teníamos que detenernos en la escuela que estaba al final del camino para solicitar una tarjeta de permiso. Le agradecimos y nos pusimos en marcha hacia la dirección indicada, pero, en lugar de detenernos en la escuela, seguimos de frente.

Cuando encontramos una casa, tocamos a la puerta y entramos. Una anciana, que estaba sola en la mesa, nos saludó con la bienvenida tradicional polaca:

—*Czym chata bogata, tym rada* («Lo que esta casa tenga para ofrecer es suyo»).

Le dijimos que íbamos a Sosnowiec para reunirnos con nuestros familiares. Habíamos dejado Pszczyna temprano por la mañana y nos estábamos congelando, así que sólo queríamos calentarnos un poco. Nos contestó:

—Hay leche caliente en la estufa y pan con mantequilla en la mesa. Sírvanse.

Mientras comíamos, le contamos de los problemas que habíamos tenido para hallar transporte.

—Vayan al centro del pueblo —dijo—. Quizá ahí puedan encontrar una carreta y un caballo.

Le expresamos lo mucho que agradecíamos su hospitalidad y le preguntamos si podíamos serle también de alguna ayuda. Nos respondió que no necesitaba nada, sólo estaba esperando a que su hija regresara, cualquiera de esos días...

Ahora, en retrospectiva, tengo la sensación de que toda la gente que nos auxilió durante nuestra huida sabía o al menos sospechaba que éramos fugitivas de Auschwitz. Quizá, con el rápido avance de los rusos, ya no temían a los alemanes y estaban dispuestos a ayudarnos.

Calle Święta Barbara, 12B

Caminamos hacia el centro del pueblo y vimos una carreta tirada por un caballo que se acercaba hacia donde estábamos. Se detuvo a la mitad del camino, no muy lejos de nosotras. Cuando escuchamos a los pasajeros hablar polaco, nuestros corazones se alegraron y fuimos corriendo hacia el conductor.

—¿Adónde se dirigen? —nos preguntó.

—Sosnowiec —respondimos.

—Suban —dijo—. Puedo llevarlas hasta Katowice y de ahí pueden tomar el tranvía a Sosnowiec.

Rachela y yo subimos a la carreta. El conductor nos entregó una cobija y nos acurrucamos juntas debajo de ella.

El caballo galopaba por entre la nieve, junto a pueblos y tierras de cultivo. Había gente yendo en todas direcciones. Vimos pasar a nuestro lado convoyes militares alemanes que tomaban el rumbo opuesto, de camino a Alemania. Rachela dormitó, pero yo estaba bien despierta. De pronto oí al conductor decir que nos acercábamos a Katowice. Poco después, la carreta se detuvo y Rachela y yo bajamos de un salto. Nos despedimos con una vieja expresión polaca:

—*Bóg zapłać!* («¡Que Dios se lo recompense!»).

Parecía como si los alemanes hubieran ya abandonado la ciudad de Katowice. Se veía como un pueblo fantasma. Caminamos por la carretera hacia el tranvía a Sosnowiec, que alguna vez nos fue tan familiar, y compramos dos boletos con los marcos alemanes que Marta Copek nos había dado. En el tranvía, no escuchamos hablar más que polaco. Ya no teníamos miedo de la gente que nos rodeaba y, de todas formas, nadie nos ponía atención.

Ya era bien entrada la tarde, casi a punto de oscurecer, cuando llegamos a Sosnowiec. Al bajar del tranvía, vimos a un anciano de pie junto al camino, frente a una puerta de acero. Le preguntamos si sabía dónde estaba la calle Święta Barbara y nos señaló una calle empinada a una manzana a la derecha; nos dijo que Święta Barbara era la calle que atravesaba esa otra. Nos sugirió apresurarnos porque era casi hora del toque de queda. Rachela y yo caminamos deprisa por la colina y dimos la vuelta a la izquierda hacia Święta Barbara. Casi habíamos llegado a la casa con el número 12B cuando me paré en seco.

—¿Por qué te detienes? —escuché preguntar a la voz de Rachela—. ¿Qué estás esperando?

Me quedé de pie ante la entrada de la casa donde se suponía que mi hija estaba escondida. No podía moverme. De pronto, tuve miedo de lo que podría haberle ocurrido en ese largo año desde que me habían deportado de Będzin a Auschwitz.

Permanecí ahí, inmóvil, hasta que vi a un niño rubio acercarse en medio del ocaso. Su cara me pareció familiar. Sí, era Paulek Dyrda y, como si hubiéramos llegado de otro mundo, escuché su voz llamar:

—*Marysiu! Marysiu! Twoja mamusia wrócila!* («¡Marysia! ¡Marysia! ¡Tu mamá volvió!»). Entonces miré a mi hija correr hacia mí y extendí los brazos.

Dio un salto y me abrazó. Sentí su cuerpecito contra el mío. Nos abrazamos, nos besamos y lloramos de alegría por habernos reencontrado con vida.

Aturdida, la sostuve contra mí, tocándola una y otra vez para asegurarme de que era real.

Temía que todo fuera un sueño; que en cualquier momento despertaría y estaría de nuevo en el infierno de Auschwitz.

Cuarta parte

1945, la libertad

A la espera de los rusos

Paulek guio el camino y, justo cuando nos acercábamos a las escaleras que llevaban al departamento de los Dyrda, comenzaron a sonar las sirenas del bombardeo aéreo. La gente corría a refugiarse en los sótanos, así que dimos la vuelta e hicimos lo mismo. Paweł Dyrda, sin embargo, aún temiendo a la Gestapo, permaneció escondido en el departamento.

En cuanto el sonido de las sirenas se apagó, subimos a encontrarnos con el señor Dyrda. Nos saludó a Rachela y a mí con calidez y nos ofreció su casa hasta el final de la guerra. Era un hombre atractivo, en sus cuarentas, con un bigotito oscuro y unos ojos penetrantes. Sus hijos, Urszula, de catorce años, y Paulek, casi de dieciséis, nos hicieron sentir como en casa de inmediato. Aunque sólo había conocido a su madre en fotografía y a través de una ventana, pensé que se parecían a ella, con el mismo cabello rubio, la tez clara y los brillantes ojos azules. Paulek, sin duda, durante el medio año en el que logró llevar mensajes y paquetes entre nosotros y nuestra hija, a pesar de que los vigilantes del campo estaban siempre en guardia, había demostrado ya la mente rápida, la iniciativa y el valor que su madre había mostrado cuando no tardó más de un segundo en decidir rescatar a Mirusia.

Los niños nos enseñaron el limpio y bien organizado departamento de dos habitaciones, y admiramos su enorme árbol de Navidad, todavía decorado con muchos y muy coloridos adornos. Una vez que nos lavamos, nos invitaron a sentarnos a comer nuestra primera cena con los Dyrda. Después de que todos dieron las gracias por la comida, el señor Dyrda cortó el pan en trozos pequeños, de igual tamaño, y cada uno de nosotros recibió una porción de pan y sopa.

Yo estaba sentada junto a mi hija y noté cómo levantaba cada migaja de pan que caía sobre su plato y se la llevaba con cuidado a la boca. Me di cuenta de que debía tener mucha hambre y, aunque moría por comerme el trozo de pan, corté un pedazo del mío y se lo di. De inmediato, el señor Dyrda dijo:

—Marysiu, por favor devuélvele el pan a tu madre. Tú ya comiste tu porción.

La miré y noté el terror en sus ojos. Estaba agradecida de haber encontrado a mi hija con vida, pero mi corazón rompió en llanto cuando vi lo delgada, pálida y triste que estaba. Aún no la veía sonreír.

Más tarde, todos quisieron saber cómo Rachela y yo habíamos logrado escapar de la marcha de evacuación de Auschwitz. Les contamos cómo aquellos que, casi moribundos de hambre, no podían continuar la marcha, eran golpeados y disparados por los hombres de las SS. Cómo a otros que intentaron huir los atraparon y los obligaron a continuar. Pero de alguna forma, tuvimos suerte en nuestro intento y volvimos a tenerla cuando, por casualidad, tocamos a la puerta de Marta Copek y su madre, valientes mujeres que nos escondieron de las SS, nos alimentaron durante un par de días y nos dieron abrigos y algo de dinero para nuestra huida.

Estaba muy agradecida con Paweł Dyrda por habernos acogido a Rachela y a mí mientras esperábamos a que los alemanes por fin abandonaran nuestra área. Hizo todos los esfuerzos posibles para que estuviéramos cómodas y compartió con nosotras su ya escasa provisión de alimentos. Mi gratitud hacia él era por supuesto enorme, sobre todo por mantener a mi hija a salvo un año entero después de la muerte de su esposa, pero también por haber tenido la iniciativa de proporcionarme documentos falsos y ofrecerme la oportunidad de escapar del campo de Małobądz antes de que me deportaran a Auschwitz.

Luego de darnos las buenas noches, Rachela le entregó al señor Dyrda dos monedas de oro como un gesto de gratitud por su hospitalidad. Entonces, Rachela, Mirusia y yo nos dirigimos a la habitación que nos cedieron, y observé cómo mi hija hacía sus oraciones antes de meterse a la cama. Una vez acostadas, me abrazó con fuerza, como si tuviera miedo de perderme otra vez.

A la mañana siguiente, en el desayuno, estábamos terminando nuestro café *ersatz* («falso»), cuando vi a Mirusia tomar una cuchara y comerse los sedimentos de café que quedaban en la cafetera. Le pregunté al respecto más tarde, en cuanto estuvimos solas en la habitación, y me explicó que era un hábito suyo porque tenía hambre. Durante la cena, al terminar de comer la sopa, le pidió permiso al señor Dyrda para escarbar la olla, ya que aún estaba hambrienta.

Todo ello me desconcertaba, puesto que, cuando Maria Dyrda había rescatado a Mirusia del campo, yo le había atado al cuello un pañuelo en el cual había anudado joyería y dinero suficiente para mantener una vida cómoda por un largo tiempo. ¿Por qué tenía la comida tan limitada, entonces? ¿Por qué semejante hambre?

Luego de cenar, el señor Dyrda quiso presumir cuánto había aprendido Mirusia en sus lecciones; le pidió que fuera por un libro, que ella me entregó para que pudiera seguir su declamación y compararla con el poema impreso en él. El recital duró casi media hora y me quedé sorprendida de que una niña de seis años fuera capaz de absorber tanto de memoria. El señor Dyrda la había instruido en polaco y alemán, e incluso le había enseñado aritmética, incluyendo fracciones, algo que no creía que se les enseñara a los niños hasta mucho después de los seis años.

Por las noches, Mirusia hacía gimnasia y acrobacia bajo la dirección del señor Dyrda y, mientras realizaba los ejercicios de contorsión que él le había enseñado, pude observar el miedo con el que obedecía cada una de sus palabras. Era obvio que no estaba disfrutando ninguno de los logros que ejecutaba para mí y de los que él estaba tan orgulloso.

De noche, ya en la cama, nuevamente me abrazaba Mirusia con fuerza, y le repetí cuánto la quería y que nunca más la dejaría sola. Le pedí que confiara en mí y me dijera cómo la habían tratado, con la promesa de que nadie más sabría lo que me contara.

Se puso de pie, y dijo:

—Ve, mamá, ¡ve mi cabeza! Ve los golpes y los moretones... El tío Dyrda me golpea. Si no puedo obedecer lo que me pide, me pega con uno de los látigos. A veces incluso les pega a Paulek y a Urszula también.

Me contó que los golpes habían comenzado después de la muerte de su esposa, es decir, según recordaba, a principios de diciembre pasado, más de trece meses atrás.

Vació su corazón conmigo y me relató cómo había tratado de aprender tanto y tan rápido como pudiera, por miedo al señor Dyrda, pero con frecuencia él exigía más de lo que ella era capaz de hacer, y entonces la golpeaba y la hacía quedarse de pie un largo rato en una esquina de la habitación.

Hubo una vez en la que no pudo obedecerlo y él se enojó mucho, le extendió el abrigo y, tras abrir la puerta, la echó fuera, diciéndole que ya no quería tenerla más ahí. Mirusia, sin embargo, decidió esconderse bajo las escaleras en lugar de irse, rezando para que se calmara y se arrepintiera. Al final, Paulek bajó las escaleras para decirle, susurrando, que podía volver a la casa.

Al oír todo esto, comprendí la tristeza que veía en sus ojos y por qué apenas sonreía. Le pedí que tuviera fe en mí y le dije que, una vez que terminara la guerra, nos iríamos de ese lugar. Le prometí que haría todo lo que estuviera en mi poder para hacerla vivir cómoda y feliz.

Las cosas que me contó sobre todo lo que había pasado desde la muerte de Maria Dyrda me dejaron conmovida y con el corazón roto. Sin embargo, durante el resto de esa noche sin sueño, decidí que aún necesitaba la compasión del señor Dyrda, así que debía guardarme lo que Mirusia me había confiado hasta que pudiéramos mudarnos.

Durante ese tiempo, Mirusia lavaba trastes, fregaba de rodillas el piso de madera de la cocina y hacía otras labores domésticas. Estaba extremadamente delgada y, una vez, viéndola hacer algo que físicamente era demasiado difícil para ella, me ponía a hacerlo yo, pero el señor Dyrda me detenía diciendo que esas labores eran parte de sus tareas diarias. Mirusia rompió en llanto y él me miró con severidad. Con un chasquido de los dedos, le instruyó:

—¡Deja de llorar y sonríe!

De inmediato, Mirusia dejó de llorar e hizo una mueca parecida a una sonrisa.

Sentía que mi corazón iba a estallar de indignación, así que le pedí hablar con él en la habitación contigua. Le pedí que se apiadara de mí y le dije que no estaba acostumbrada a ver a alguien comportarse así con una niña. Le reiteré mi enorme agradecimiento por proteger a mi hija, pero le solicité que a partir de entonces la dejara en paz.

Me respondió con gran enojo, diciendo que la había educado tan bien que ahora era una niña muy bien portada y que, apenas yo me hiciera cargo, la iba a consentir demasiado, igual que hacían todas las madres judías.

Le agradecí de nuevo y le aseguré que prefería que mi hija fuera ella misma y no una «superniña».

Más tarde, el señor Dyrda se disculpó conmigo y me dijo que dejaría a mi hija bajo mi supervisión. Tuve que reprimir mis emociones y pedirle a Dios la fuerza para resistir, para no desmoronarme. Intentaba entender cómo un hombre tan inteligente podía tratar a los niños de una forma tan inhumana. Trataba de encontrar razones en el hecho de que el señor Dyrda había pasado mucho tiempo escondido, viviendo con miedo a la Gestapo, sin salir nunca de la casa, con los niños como única compañía, y quizá ese método pedagógico autoritario era su única catarsis. Casi podía compadecerlo. Pero, cualesquiera que fueran sus razones, sentía que la manera en que trataba a los niños estaba mal.

Pasó un día tras otro de esta situación anormal. Seguíamos aguardando con ansias que los rusos nos liberaran de los alemanes. Desde que Rachela y yo habíamos llegado, no dejábamos de oír que «los rusos se acercaban», y en ese momento ya se sabía que el Ejército Rojo estaba a sólo unos días de distancia, lo que nos dio el valor para resistir y continuar esperando.

Transcurrieron un par de días más del ruido de las sirenas por las noches y de la ansiedad creciente, hasta que, una mañana del 27 de enero, nos enteramos de que el Ejército Rojo había ingresado al área de Sosnowiec. En casa, sin embargo, nada cambió. Rachela y yo estábamos listas para partir, pero el señor Dyrda nos convenció de esperar a que la situación estuviera más clara y todo estuviera más en orden. Nos dijo que había oído que los rusos estaban matando hombres y violando mujeres, y decidió que nos encontraríamos más seguras en su casa, así que era mejor aguardar.

Temprano, antes de irse a los pueblos vecinos en busca de comida, Paweł Dyrda nos conminó a no salir de casa. No me gustó la idea. Rachela y yo partimos hacia Sosnowiec para ver cómo se desarrollaba la vida en la ciudad ahora que la guerra había terminado. Le pedí a Mirusia que no le contara a nadie adónde íbamos y le prometí que volvería pronto.

Cuando llegamos a Modrzejowska, la avenida principal de Sosnowiec, no tardé en distinguir a un judío que me parecía familiar. Él me reconoció también y nos dijo que se estaba organizando un Comité Judío en la ciudad para registrar a los sobrevivientes y ayudarlos a conseguir casa y comida. Me puse a saltar de alegría ahí mismo. Sentí que probaba el primer aliento real de libertad.

Fuimos directamente con el Comité Judío y nos encontramos con otros sobrevivientes. Nos registramos y Rachela se dio cuenta de que el nombre de su primo ya aparecía escrito en el registro. Se emocionó mucho y fue a buscarlo. Me dijeron que algunos de los judíos que habían vuelto de los campos se estaban estableciendo en los departamentos que los alemanes habían desocupado y que, apenas éstos terminaran de irse, mi hija y yo podríamos tener uno.

Traté de hallar a alguien que hubiera visto a mi marido, aunque la única seña que podía dar era que lo habían deportado al campo de trabajos forzados de Blechhammer hacía un año. Pero de ahí no había vuelto nadie todavía. Entretanto, la gente de esa oficina intentaba ponerse en contacto con los comités judíos de otras ciudades para intercambiar listas de sobrevivientes. Mis esperanzas de que Mark regresara se reavivaron y anhelaba tener noticias suyas pronto.

En la oficina me entregaron también unas cuantas latas de carne en conserva y otros alimentos, así que volví corriendo con Mirusia, ávida de compartir con ella la comida y las buenas noticias.

Dyrda regresó al día siguiente de su viaje por los pueblos vecinos con toda la comida que había comprado y nos relató lo difícil que había sido conseguirla. Todo estaba muy caro y la gente estaba guardando sus reservas para sí. Decidí no contarle las buenas noticias hasta que no tuviera seguro el departamento que me habían prometido.

Los Dyrda y los rusos

Esa misma noche, mientras nos preparábamos para ir a la cama, escuchamos golpes en la puerta y una voz hablando en ruso:

—¡Abran la puerta!

Cuando abrimos, entraron dos soldados rusos. Preguntaron por Paweł Dyrda y su hijo, y nos mostraron un documento que, nos explicaron, era una orden de arresto. Quise saber por qué motivo los arrestaban y me contestaron que lo desconocían, así que les dije que iría con ellos para averiguarlo.

Al llegar a sus oficinas, se llevaron de inmediato a padre e hijo. Tal como solicité, me condujeron ante el coronel ruso a cargo, quien me preguntó por qué razón iba acompañándolos. Le aclaré que tenía la obligación de ayudarlos porque habían salvado mi vida y la de mi hija, y que quería saber por qué los habían arrestado.

El coronel me informó que los vecinos habían denunciado a Paweł Dyrda de estar en la lista de *Volksdeutsche*, la lista de alemanes étnicos, durante la ocupación nazi. Decían que la esposa de Dyrda era alemana, que sus hijos habían servido en la *Wehrmacht*, y que, mientras los polacos pasaban hambre, su familia tenía de sobra.

Cuando terminó, le relaté mi historia. Le conté cómo aquella mujer «alemana» había arriesgado su vida y la de su familia para rescatar a mi hija de un campo de trabajos forzados fuertemente vigilado en Będzin y darle un hogar. Tras su muerte, su esposo, Paweł Dyrda, le había dado refugio y la había cuidado durante otro año más. Me tragué, claro está, mi amargura sobre la forma en que trataba a Mirusia.

También le conté que el propio Dyrda había estado escondido durante mucho tiempo porque sus vecinos lo habían reportado a los alemanes por escuchar la BBC y por sospechar que realizaba otras actividades antinazi. Además, su familia apenas tenía comida porque tanto él como mi hija estaban en condición de fugitivos y, por lo tanto, no poseían suficientes tarjetas de racionamiento. También le expliqué que Paulek, su hijo, había corrido grandes riesgos para que pudiéramos mantenernos en contacto con nuestra hija, llevando y trayendo mensajes entre nosotros mientras estábamos en el campo de Będzin.

El coronel me retó preguntándome cuánto dinero les había pagado para quedarse con mi hija.

—Nada —le respondí. Le aseguré que se habían quedado con ella por la voluntad de salvar la vida de una niña.

El coronel salió un momento y, cuando regresó, me dijo que había hablado con Dyrda, quien le había contado que yo les había dado dinero. Sentí que me estaba tendiendo una trampa, pero no caí en ella. Sabía que Dyrda era lo suficientemente inteligente como para decir algo que pusiera su vida en peligro, así que insistí:

—No les entregué un centavo.

Entonces, el coronel intentó otro ángulo, preguntándome cuántos familiares había perdido a manos de los alemanes. Enojado, quiso saber cómo me atrevía a interceder por un *Volksdeutscher*.

—Mírese —dijo—. Mire el número de su brazo y pregúntese cuánto ha sufrido por su causa.

Le di la razón respecto a mis pérdidas y mi sufrimiento. Si hubiera tenido enfrente a las personas que asesinaron a mi familia, lo más probable es que les hubiera pagado con la misma moneda. Sin embargo, ese hombre no había matado a mis hermanas y hermanos, sino que había salvado la vida de mi hija. ¿Por qué no salvaría yo la suya?

El coronel me aclaró que la orden para fusilar a Paweł Dyrda y a su hijo seguía en pie, pero que trataría de abordar la cuestión al día siguiente, a la luz del sol. Luego me dijo que en ese momento, a causa del toque de queda, me enviaría de vuelta a casa con un guardia.

Al regresar a casa, Urszula y mi hija estaban ansiosas y querían saberlo todo de mi encuentro con el coronel ruso.

Volví a la estación muy temprano en la mañana. Por fortuna, el coronel decidió liberar al padre y al hijo, pero noté que los habían golpeado gravemente durante la noche. Los ojos del señor Dyrda se veían negros y azules, además de medio cerrados por la hinchazón. Les habían avisado que ya estaba programado su fusilamiento, así que ambos estaban en extremo agradecidos conmigo por haberles salvado la vida.

Esta acción me quitó de encima el peso moral y deje de sentirme obligada con el señor Dyrda. Era libre de irme, así que justo al día siguiente le comuniqué mi decisión de dar un primer paso hacia el futuro y mudarme a un departamento en Sosnowiec.

También le dije que aquel nuevo comienzo sería muy difícil ya que no tenía nada de dinero. Cuando me explicó que el dinero que le habíamos entregado se había gastado ya, le pregunté si no podría darme un reloj u otra cosa que pudiera vender para empezar, pero me contestó que su esposa había enterrado toda la joyería en alguna parte y que él no sabía dónde. En cambio, me ofreció una de las monedas de oro que Rachela le había dado, y yo acepté.

Dyrda trató insistentemente de convencerme de que mi marido no podía haber sobrevivido, y me propuso quedarme y casarme con él. Ya que ambos estábamos viudos, argumentaba que sería una buena idea. Le respondí que tenía fe en que Mark regresaría y que preferiría esperarlo.

A la espera de Mark

El Comité Judío nos asignó a Mirusia y a mí un departamento de dos habitaciones en el quinto piso de un edificio sin ascensor, ubicado en el número 6 de la calle Wspólna, en Sosnowiec. Era una buhardilla con techos bajos e inclinados y ventanas pequeñitas, pero afortunadamente estaba amueblado y la estancia principal tenía una estufa. Había un cuarto extra para almacenaje del otro lado del vestíbulo, aunque, por supuesto, no contábamos con nada que almacenar. Estábamos felices de tener un lugar propio, incluso si debíamos subir cinco pisos de escaleras.

Lo primero que hice fue intercambiar por dinero en efectivo la moneda de oro que Dyrda me había dado, y luego llevé a Mirusia a un doctor que nos recomendó alguien del Comité Judío. Le hablé de las experiencias de Mirusia en el gueto y en el campo, y lo que había vivido durante el último año y medio después de nuestra separación. Tras examinarla, el doctor me dijo que presentaba una severa malnutrición y que necesitaba una dieta más rica, aire fresco y, sobre todo, «cuidado amoroso y compresión». Me aconsejó dejarla hacer las cosas que ella deseara y no forzarla a nada.

En nuestro nuevo departamento, Mirusia no perdió la costumbre de arrodillarse a rezar antes de dormir. Le señalé el hecho de que los judíos no nos arrodillamos y que nuestros rezos son distintos. Entonces me preguntó:

—Si no nos arrodillamos, ¿cómo decimos nuestras oraciones?

Le expliqué que lo hacíamos de pie.

A nosotras los rusos nos liberaron a finales de enero, pero más al oeste la guerra continuaba y el ejército ruso seguía empujando el avance hacia Berlín. A pesar de que no teníamos miedo de salir a la calle, la situación estaba lejos de haber vuelto a la normalidad. Prácticamente no había transporte público ni servicio postal, y las escuelas permanecían cerradas. Tuvo que pasar algún tiempo para que comenzaran a abrir tiendas que vendieran comida y otros artículos de primera necesidad, aunque en cantidades limitadas. Sin embargo, en el mercado negro parecía haber disponibilidad de todo, por un precio.

El Comité Judío nos ayudó con comida, pero incluso ellos no tenían mucha, y el poco dinero que me quedaba de la moneda de oro que Dyrda me había dado no tardó en acabarse, así que cada día debía salir a buscar la forma de ganar dinero para el alimento diario. Trataba de contactar gente, de descubrir quién tenía algo para vender o intercambiar, y luego buscaba a quienes estuvieran interesados en comprar o intercambiar a su vez. Así fue como, poco a poco, comencé a hacerme de dinero. No quería dejar a Mirusia sola, pero no conocía a nadie con quién encargarla, así que no había opción y cada vez que la dejaba en casa me causaba una gran infelicidad. Cuando, por el contrario, me quedaba en casa, pasábamos el tiempo juntas. A veces me ayudaba a limpiar o a cocinar, y en las tardes sólo leíamos o nos contábamos historias.

Casi todas las mañanas, después del desayuno, llevaba a Mirusia a dar un paseo para que pudiera respirar aire fresco. Si se cansaba o le daba hambre, íbamos a una tienda, comprábamos un rollo de pan fresco con jamón e íbamos a sentarnos en una banca de la plaza. Le gustaba el rollo crujiente y el sabroso jamón, y se los comía con entusiasmo. Luego, cuando las aves se reunían a nuestro alrededor, les compartía las migajas.

Trabé contacto con una granjera, que nos consiguió huevo fresco, crema, leche y queso de granja. Mirusia comió tanta de esa comida como quiso y su salud empezó a mejorar, al igual que su aspecto. Quería enterarse de lo que ocurría a nuestro alrededor y nunca dejó de preguntarme si había sabido algo de su papá.

Cuando dejamos la casa de los Dyrda, me llevé conmigo todas las prendas que le habíamos enviado a Mirusia desde el campo. En ese momento, resultaba especialmente útil porque la ropa era muy cara y tendría suficiente para algunas temporadas. Me tomó más de un mes poder comprar un vestido de primavera para mí. Hasta entonces, mi atuendo diario seguía siendo el vestido de punto azul marino y la chaqueta con los que había escapado de la marcha de Auschwitz. Incluso después, ese conjunto siguió siendo mi atuendo favorito por un largo rato.

Con el paso del tiempo y el regreso de nuevos sobrevivientes desde distintos campos de concentración, comencé a llevar a Mirusia conmigo al Comité Judío para buscar en los registros e investigar si alguien había sabido algo de Mark o de cualquiera de nuestros familiares. Hasta entonces, nadie había podido darnos buenas noticias, pero no abandonábamos la esperanza y tratábamos de mantenernos en contacto con los recién llegados. Muchos de ellos se quedaron con nosotras unos días antes de que les asignaran lugares propios, entre ellos mi amiga Różka Borenstein, con quien había compartido litera en Auschwitz. Permaneció con nosotras un buen tiempo, aunque viajaba mucho y siempre andaba de un lado para el otro. Solían visitarnos también otros amigos; desafortunadamente, ninguno de ellos tenía hijos con los que Mirusia pudiera jugar, algo que me preocupaba muchísimo, porque entendía lo importante que es para una niña estar con otros niños de su edad. Hasta donde sabía, en ese momento en nuestra área no había otros niños judíos que hubieran sobrevivido, y no conocía a ningún polaco con hijos, así que mi hija estaba siempre rodeada de adultos.

Si tenía que dejar sola a Mirusia, preparaba la comida o la cena y se la ponía sobre la mesa. Ella entendía que no podía llevarla conmigo cuando salía a ganar dinero y lo aceptaba, pero en definitiva no le gustaba.

Había ocasiones en las que me cansaba demasiado la lucha diaria de ganar la vida para ambas, y me deprimían la continua ausencia de Mark y la falta de cualquier noticia de él o de nuestras familias. Todo esto me mantenía en un estado de tensión y nerviosismo, y a veces tenía problemas para controlar mis emociones.

Una vez me quedé en casa y, justo cuando nos sentamos a comer, un vecino del otro lado del pasillo me llamó para mostrarme algo. Dejé a Mirusia a punto de comerse el enorme sándwich de su plato. Al regresar apenas uno o dos minutos después, el plato estaba completamente vacío. Me quedé confundida. ¿Cómo podía haberse comido todo en tan poco tiempo? En cuanto le pregunté, se puso pálida y bajó la cabeza, incapaz de mirarme. Insistí en saber qué había sucedido con el sándwich. Temblando de miedo, me llevó a la ventana y me mostró la calle, adonde lo había arrojado. Al verlo, perdí el control y le di una nalgada.

Con lágrimas en los ojos, me dijo que ya no era capaz de comerse toda la comida que le daba. A sabiendas de lo importante que era para mí que se la terminara y en un afán de complacerme, en más de una ocasión la había lanzado por la ventana para que una anciana pordiosera la recogiera.

Me sentí culpable por no haber tenido la paciencia de escuchar su explicación. Traté de tranquilizarla diciéndole que no necesitaba tenerme miedo, que la amaba y que era lo más importante para mí. Le pedí disculpas por haber perdido el control y por haberla golpeado, afirmándole que era libre de decirme lo que sea que pasara por su mente. Por un buen tiempo estuve molesta conmigo misma por ese episodio, porque la imagen de Dyrda golpeando a mi hija me acompañaba siempre.

La primavera se acercaba lentamente y nosotras seguíamos esperando noticias de Mark y del resto de la familia. Durante nuestras largas caminatas, admirábamos las primeras señales del despertar de la naturaleza tras ese invierno largo y difícil, y me complacía ver que Mirusia tenía buen ojo para la belleza y estaba llena de curiosidad; me hacía muchas preguntas y se interesaba por todo lo que ocurría a su alrededor.

En una ocasión quiso saber por qué nos habíamos establecido en Sosnowiec y no en Będzin, donde habíamos vivido antes de la guerra. Traté de explicarle que para mí era difícil volver al lugar en el que había pasado toda mi vida con mi familia y que no podía volver ahí sin recordar a cada momento a todos nuestros seres queridos, en especial porque comenzaba a parecer que ninguno de ellos regresaría. Me preguntó si alguna vez le mostraría dónde habían residido nuestras familias antes de la guerra y le prometí que lo haríamos.

Pero, antes de eso, tuve otra idea, y un día soleado a finales de marzo, con las calles todavía cubiertas de nieve, sentí el impulso de visitar Będzin, en específico a Małobądz, el complejo en el que se ubicaba la fábrica de jarabe que había pertenecido a mi familia. Cuando aún estábamos en Będzin, los alemanes habían fusionado nuestra Owoc con una fábrica de vino y otra de vinagre, y reubicaron las operaciones en el área de Małobądz. Y entonces ahí estaba yo, caminando hacia el lugar de la fábrica bajo el frío entumecedor.

Al entrar por el portón de la calle abierto, me asombró ver las manchas de sangre en la nieve que estaba cerca de la entrada de Owoc. La puerta estaba cerrada con candado. Permanecí en ese sitio en medio del silencio fantasmal y me di cuenta de que lo que parecían manchas de sangre debía ser en realidad jarabe de frambuesa o de vino. Seguí caminando y noté algo más en el piso: una botella grande de esencia de naranja congelada entre la nieve. A sabiendas de lo valiosa que sería, comencé a escarbar para sacarla; poco a poco y con cuidado logré liberarla de la nieve calentándola con las manos. Con el alivio de haber podido sacar la botella sin romperla, la metí en mi bolso y me fui a casa. Le conté a Mirusia lo feliz que me había hecho encontrar algo que había pertenecido a nuestra familia, y mencioné que vender la botella nos daría algo de dinero, lo que sucedió unos días más tarde.

Nuestra visita a Będzin

Cuando el clima se volvió más primaveral y las líneas del tranvía estuvieron nuevamente en operación, tomamos el viaje rápido a Będzin. Mientras caminaba con Mirusia por la calle Małachowskiego por primera vez, le señalé el edificio de la policía al que nos habían llevado en agosto de 1943 tras la liquidación final de nuestro gueto, donde habíamos tenido la suerte de que nos enviaran de regreso al campo de Małobądz en lugar de directamente a Auschwitz.

Al acercamos a la casa número 36 de Małachowskiego, volteamos hacia el tercer piso, hacia las ventanas del departamento en el que nació Mirusia, en el que habíamos vivido hasta finales de 1940. Esa calle era conocida como «la calle de los paseos» y solía estar llena de gente yendo de aquí para allá. En ese momento, sin embargo, estaba en silencio y sólo había unas cuantas personas en toda el área. Podía sentir la ausencia de la población judía y le dije a Mirusia que, en Będzin, antes de la invasión nazi, los judíos eran de hecho una mayoría.

Pasamos junto a una tienda que pertenecía a los Salski, una familia polaca que había sido propietaria de la fábrica de vinagre con la que los alemanes habían fusionado nuestra Owoc. Entramos y nos recibió la hija de los Salski, que me reconoció. Me contó que su familia vivía en nuestro antiguo departamento y nos invitó a pasar, pero yo no tenía ganas de verlo. También me dijo que, antes de la llegada de los rusos, los alemanes habían enviado a Alemania todo el inventario de nuestra fábrica, junto con la maquinaria útil. No obstante, aclaró, habían dejado algunas máquinas y los rusos habían prometido abrir pronto el lugar. Si me interesaba, me notificaría. Por supuesto, entonces todavía tenía esperanza de que alguien de mi familia regresara, y me sentía responsable de aferrarme a lo que fuera que los alemanes nos hubieran dejado, así que dije que sí, que por favor me avisara.

Caminamos hacia la plaza Nowy Rynek, en cuyas bancas Mirusia y yo acostumbrábamos sentarnos con otras madres e hijos antes de los últimos meses de 1940. Luego dimos vuelta a la izquierda, hacia el número 9 de la calle Kołłątaja, donde habíamos vivido un breve tiempo después de que nos echaran del departamento. Mientras nos acercábamos al espacio vacío en el que antes había estado el número 3 de la calle Kołłątaja, le conté a Mirusia que el padre de su padre solía vivir ahí, pero que los alemanes habían quemado la casa durante la invasión de Będzin, igual que habían hecho con la antigua y hermosa sinagoga, con el Centro Judío de Aprendizaje y con muchos otros hogares judíos. Aquella vez la familia de su papá había tenido la suerte de sobrevivir al incendio, pero, por desgracia, al final no habían podido escapar de esas bestias asesinas que eran los nazis. Mientras mirábamos el lugar en el que había estado la casa, le conté a Mirusia también algunos de los recuerdos que tenía de sus generosos abuelos, así como de su tía Różka y su tío Dawid, y le dije que todos ellos la querían mucho. Le conté que, como era la primera nieta de ambas familias, recibió mucho amor y muchos cuidados.

De Kołłątaja fuimos directo hacia Stary Rynek, la plaza del antiguo mercado donde solía estar la mayoría de las tiendas de textiles, una de las cuales había pertenecido a los padres de su padre. Le señalé un pequeño edificio, inusualmente estrecho, en el número 19, que había pertenecido a sus abuelos y que había albergado a la tienda de textiles; en esa casita había nacido su padre.

Ya todo estaba cerrado. El viejo mercado, antes lleno de vida, se veía abandonado. En lugar de compradores, en la plaza pastaban algunas cabras.

Sentí ganas de salir corriendo, pero todavía quería mostrarle a mi hija la calle Modrzejowska, donde vivió mi familia y donde yo había pasado mi juventud. En el camino, nos topamos con algunos polacos que no reconocí y de pronto apareció una mujer pequeñita que me resultó familiar. ¿Sería...? ¡Sí! ¡Era Marta! Al mirarnos, Marta se persignó y gritó:

—¡Mirusiu!

Estaba muy feliz y conmovida de vernos, y nos invitó a su casa. Nos dijo lo mucho que lamentaba no haber podido ayudarnos, y que su marido y ella hablaban de nosotras con frecuencia. Nos contó que, tristemente, su hermana Genia vivía ahora muy lejos y que apenas se veían.

En retrospectiva, me doy cuenta de que tuvimos suerte de que Marta no estuviera en casa el día que saqué a Mirusia del campo y traté de dejarla en el vestíbulo esperando su regreso. La intuición de mi hija había resultado cierta: la casa de Marta no habría sido un escondite seguro, ya que, como la propia Marta descubrió después, los vecinos sospechaban que quería adoptar a una niña judía y podrían haberlos traicionado a todos.

Marta me preguntó por Mark y nos dijo que algunos judíos ya habían regresado a Będzin y habían formado un comité. Nos compartió la dirección de la oficina y al despedirse insistió en darnos algo de comida que aún era difícil encontrar a la venta. Dudé al principio, pero me hizo recordar que cuando ella estuvo de visita en nuestra casa, siempre fui generosa con ella, y quería mostrarnos su aprecio.

En el Comité Judío había algunas personas que no reconocí, aunque ellos sabían quién era yo. Registré mi dirección de Sosnowiec en caso de que alguno de mis familiares o amigos regresaran a Będzin. Era muy triste ver que ahí habían vuelto tan pocos judíos. Los miembros del Comité me dijeron que aún tenían esperanza de que llegaran más sobrevivientes una vez que mejoraran los servicios de transporte y comunicación.

Mirusia y yo seguimos hacia la calle Modrzejowska y nos detuvimos frente al número 70, en la acera contraria. Levanté la vista hacia las ventanas y el balcón del segundo piso, de pie en la calle, aguardando a que la ventana se abriera y mi madre nos llamara: «Sube, *Pupele*». Pero la ventana no se abrió y ninguna voz nos llamó, ni a Mirusia ni a mí.

Lo único que escuché fue la voz de Mirusia:

—¿Qué hacemos paradas aquí?

Quería responderle: verás, mi amor, en ese balcón solía sentarse tu abuela Chana a esperarnos. Aquí es donde pasé mi niñez. Aquí crecí con mis hermanas y hermanos. Y aquí me casé con tu padre. Desde aquí salí al mundo, llevando conmigo el amor y las tradiciones que recibí en casa. El regalo más preciado que me dio mi madre fue su *betuchen.* Cada vez que enfrentábamos un problema o una crisis, ella nos recordaba: «*Hob betuchen*». «Ten fe», «ten esperanza». Y creo que no he dejado de tener fe ni esperanza, al menos casi nunca.

Siempre voy a atesorar la intimidad que se sentía en casa, la certeza de que podíamos confiar unos en otros y apoyarnos. Claro que a veces discutíamos o peleábamos, pero nos amábamos y nos protegíamos. Pensando mi niñez en retrospectiva, y la de mi hija, veo lo mucho que ella se perdió al ser hija única. Todavía me arrepiento de no haber tenido más hijos. De no haber sido por la guerra, Mirusia habría tenido hermanos y supongo que eso habría sido mucho más sano para todos nosotros.

Aquel día, mirando desde el otro lado de la acera la casa número 70 de la calle Modrzejowska, sentí mi vida reavivarse de pronto. Y en Mirusia, frente a la casa, vi un reflejo de mí misma, todos esos años previos. Fue muy difícil alejarme y dejarlo atrás.

El séptimo cumpleaños de Mira

De vuelta en Sosnowiec, casi a diario llegaban nuevos sobrevivientes de los campos, algunos con buena salud y otros muy enfermos. Vivíamos al día, pero no dejábamos de esperar, cada vez con más impaciencia, alguna noticia de Mark. Como marzo se convirtió en abril, comenzamos a prepararnos nosotras solas para el séptimo cumpleaños de Mirusia. Consciente de que mientras estuvo escondida con los Dyrda Mirusia sufría porque Urszula no le prestaba sus muñecas, decidí comprarle una como regalo, además de un libro de cuentos polacos para niños. Tratamos de darnos ánimos una a la otra hablando de nuestras esperanzas de que su cumpleaños siguiente sería mucho más feliz, porque lo celebraríamos junto con todos los que nos faltaban entonces.

Mientras estaba ocupada jugando con su muñeca nueva, Mirusia me vio callada y perdida en mis pensamientos, así que me preguntó en qué pensaba. Le revelé que estaba recordando el día de su nacimiento y lo bonita que era de bebé, con la cabeza llena de cabello negro, y cómo decidimos llamarla Mira. Me escuchó con interés y la historia de su nombre le causó curiosidad. Le conté que planeábamos llamarla Miriam-Rachela en honor a su bisabuela, pero no nos había agradado la idea de ponerle dos nombres, así que los abreviamos y nos decidimos por Mi-Ra, o Mira, que nos gustaba y, además, daba la casualidad de que era un nombre polaco.

Al día siguiente del cumpleaños de Mira, nos enteramos de que Hitler se había suicidado.

Sin embargo, la guerra continuaba.

Estar sola en esos tiempos de incertidumbre era una enorme carga, pero de alguna manera logré hacer todo lo que debía hacerse. La hija de Salski me contó que los rusos le habían quitado el candado a la fábrica, por lo que fui varias veces a copiar el inventario de los días en que los alemanes se habían apropiado de Owoc e hice una lista de lo que habían dejado. Tenía la esperanza de que quien hubiera sobrevivido de la familia podría usar las máquinas restantes para recomenzar con el negocio. Por ello, cuando un polaco que sabía que yo era la hija del dueño de Owoc me contactó para decirme que estaba interesado en comprar las máquinas, rechacé la oferta con el argumento de que prefería aguardar, esperanzada en que alguien, además de mí, hubiera sobrevivido. Resultó que, apenas los rusos tomaron el control, muchos de los sobrevivientes que habían vuelto se apresuraron a vender sus fábricas y otras propiedades. Tuvieron suerte de hacerlo, porque más tarde los rusos lo nacionalizaron todo.

Un día descubrí que un alemán que había trabajado en nuestra fábrica durante la ocupación nazi y que vivía en alguna parte de Silesia, se había llevado varios kilogramos de sacarina, que se encareció muchísimo al terminar la guerra. Paweł Dyrda me ayudó a localizar al hombre en cuestión y a recuperar cuando menos un kilo; venderlo significó un gran apoyo porque para entonces ya se me había acabado el dinero.

Poco después, Paweł Dyrda se mudó con su familia al área de Opole en la Alta Silesia, donde tenía algunos contactos de antes de la guerra, y ahí fue más tarde alcalde del pueblo de Pokój. Una vez llegó de visita y, cuando se dio cuenta de cómo batallaba para ganar dinero y mantenernos, trató de convencerme de irme con él y me ofreció su ayuda para establecernos en Pokój. Le agradecí que se interesara por nosotras, pero no acepté la oferta. Prefería esperar en Sosnowiec, donde podía conservar la comunicación con el Comité Judío y con quienes regresaban de los campos, para seguir indagando sobre Mark y nuestra familia.

El 8 de mayo, fecha en que Alemania se rindió y al fin se declaró la paz, los sobrevivientes comenzaron a volver en cantidades más grandes desde los distintos territorios que habían liberado los estadounidenses, los británicos y los demás aliados. Entonces empecé a oír que a muchos de esos sobrevivientes los habían retenido en hospitales porque estaban demasiado enfermos para viajar, especialmente en las condiciones de caos que aún imperaban. Me pregunté si Mark se encontraría entre ellos y traté de esperar lo mejor.

No lograba ganar mucho dinero, pero estaba orgullosa de no haber tenido que pedirle ayuda a nadie. Aunque debíamos economizar y vivíamos muy austeramente, nos las arreglábamos. Nuestro departamento era acogedor y lo habíamos convertido en un espacio cómodo y agradable; las plantas le daban un toque de calidez, y a veces incluso comprábamos flores, que a ambas nos gustaban. Cuando debía ir a la ciudad para ver a alguien por negocios, Mirusia me ayudaba en casa recibiendo los mensajes de la gente que nos visitaba. Y así, la primavera se transformó en verano. Era julio ya, y de los campos más distantes llegaba mucha más gente en busca de sus familiares, pero aún no había señales de Mark ni de las personas que esperábamos.

Al separarnos Mark y yo, justo antes de que lo enviaran a Blechhammer con el grupo de voluntarios, acordamos que, si sobrevivíamos a la guerra, nos encontraríamos en el lugar en el que se escondía nuestra hija, en la casa de los Dyrda en el área de Sielec, en Sosnowiec. Hacía mucho que ambos nos sabíamos de memoria la dirección: Święta Barbara, 12B.

Entonces, cada vez que estaba en la ciudad, iba a la oficina del Comité Judío, con la idea y la esperanza de que quizá tuvieran, por fin, alguna buena noticia. Pero nadie era capaz de decirme nada. Aunque cada día me sentía más impaciente y más preocupada, no podía hacer más que esperar.

Un día, de regreso de la ciudad, al entrar al edificio, perdida en mis pensamientos como siempre, escuché a Mirusia llamándome desde el piso de arriba:

—*Mamusiu, mamusiu*, ¡papá volvió!

Pensé que estaba soñando, que lo que oía no eran sino mis propios deseos, pero luego escuché a alguien correr escaleras abajo, y reconocí los pasos rápidos e impacientes de Mark.

Todos lloramos de alegría y alivio, dándole gracias a Dios y repitiéndonos una y otra vez lo afortunados que éramos de haber sobrevivido y de estar juntos de nuevo. Los tres, juntos.

Mark

No paramos de hablar. Al principio no sabíamos por dónde empezar ni dónde detenernos. Me enteré de que, seis meses atrás, mientras Mirusia y yo estábamos en casa de los Dyrda a la espera de que los rusos nos liberaran y de poder comenzar una vida propia, Mark continuaba padeciendo miseria, hambre y humillaciones. Había sido uno de los miles de prisioneros evacuados de un campo a otro a finales de enero, de Blechhammer a Gross-Rosen, y de ahí a Buchenwald. Varios miles de personas malnutridas, exhaustas y a medio vestir marcharon con zapatos de madera y poquísima comida entre la nieve profunda y el frío glacial. Todos los días, docenas de prisioneros caían muertos por el cansancio, alguna enfermedad o eran asesinados por los guardias a causa de haberse quedado atrás. La llamaron «la marcha de la muerte» porque, durante las dos semanas que duró, falleció muchísima gente.

La razón por la que se realizaron las marchas de evacuación era que el Ejército Rojo avanzaba y los alemanes estaban huyendo hacia el oeste, dentro de Alemania, intentando llevar con ellos a sus esclavos. A finales de aquel marzo, tras unos días en Buchenwald, Mark se contaba entre los prisioneros sobrevivientes que fueron enviados a otro campo, llamado Langenstein-Zwieberge, para construir túneles subterráneos en los que los alemanes planeaban fabricar aviones de guerra. El trabajo era agotador y cada día morían prisioneros, mientras que cada semana llegaba un nuevo transporte con más.

Todo el día, todos los días, Mark debía cargar en la espalda unas pesadas piedras desde la falda de una colina dinamitada.

Tras una larga jornada de trabajo y una caminata de cuatro horas de ida y vuelta desde el sitio, los prisioneros debían cargar también los cuerpos de los compañeros que habían muerto y enterrarlos. Era una existencia increíblemente extenuante. Dormían en el piso en un cuartel sin calefacción, con una sola cobija para tres hombres. Su ración diaria de comida era una sopa que era más agua que sopa, una rebanada de pan y un agua negruzca que se hacía llamar «café». Algunos de los hombres, incapaces de mantenerse en pie en la fila de la sopa después de la prolongada jornada, se iban directo a dormir y no volvían a despertar jamás.

El ejército estadounidense se acercó pasados unos meses y los prisioneros recibieron la orden de reunirse para otra evacuación. Para entonces, Mark estaba tan débil que apenas podía levantar las piernas o doblar las rodillas y, cuando la evacuación se puso en marcha, permaneció escondido en una letrina. El hombre de las SS que lo encontró ahí le ordenó salir y unirse al pequeño grupo de prisioneros que habían tratado de ocultarse. Mark permaneció tumbado en el piso de la letrina y dijo:

—No voy a ir... No puedo.

Parándose sobre él, el oficial ordenó:

—¡Levántate o te disparo!

Mark no se sintió capaz de ponerse en pie y respondió:

—Dispárame, no me puedo levantar.

El oficial hizo girar a Mark con la bota, lo miró de nuevo y dijo:

—*Schade die Kugel, du krepierst sowieso* («Sería desperdiciar una bala. De todas formas, no la vas a contar»).

Y se fue.

Al día siguiente, llegaron los soldados estadounidenses y descubrieron a unos cincuenta prisioneros escondidos, apenas con vida, Mark entre ellos. Más tarde se enteraron de que a todos los prisioneros evacuados en la marcha del día anterior los habían fusilado en el bosque.

Mark me contó que, al momento de su liberación, pesaba poco más de cuarenta kilos. Tenía fiebre, pero se negó a estar encerrado de nuevo, así que no fue al hospital. Por fortuna, un doctor alemán cuidó de él y, con la ayuda de los medicamentos provenientes de la Cruz Roja estadounidense, comenzó a recuperarse con lentitud. No había aún servicio postal ni transporte público, pero Mark recordaba la dirección de los Dyrda, y les envió una carta a ellos y a Mirusia con alguien que estaba de camino a esa zona. Tristemente, esa carta nunca nos llegó.

Mientras Mark se recuperaba en Halberstadt, no muy lejos de donde había estado su último campo, la ciudad cambió de manos tres veces. Cuando se fueron los estadounidenses que habían liberado la zona, los británicos tomaron el control y dos semanas más tarde los remplazaron los rusos. Durante la breve ocupación británica, un oficial inglés llevó al grupo en el que se encontraba Mark a visitar un campo de mujeres, donde él conoció a algunas chicas de Auschwitz que le contaron de mí, que había sobrevivido y que había logrado escapar de la marcha de la muerte de Auschwitz. Así que, aunque yo no tenía noticias de él, cuando menos Mark sabía que yo estaba viva.

Mark me relató que, en las ocupaciones británica y estadounidense de Halberstadt, los prisioneros se sintieron bien tratados por los soldados, quienes les proporcionaron comida y ropa. Sin embargo, cuando llegaron los rusos, les dijeron que, a menos de que trabajaran limpiando la ciudad bombardeada, no tendrían comida alguna. Su grupo inmediatamente decidió dejar a los rusos «limpiando el desastre alemán», así que hicieron planes para salir de Halberstadt tan pronto como fuera posible.

El grupo incluía a un doctor amigo suyo que de alguna forma se había hecho de un automóvil. Junto con otros dos hombres, se pusieron en marcha hacia Sosnowiec. En el cruce entre la Alemania ocupada por los soviéticos y la nueva frontera polaca extendida hacia la Baja Silesia, unos soldados polacos les quitaron el automóvil y los dejaron a la deriva en la carretera. Por fortuna, un camión lleno de tropas polacas que regresaba de Berlín se paró a recogerlos. El conductor resultó ser un soldado judío de Sosnowiec. Detuvo el camión para subir a los cuatro hombres y llevarlos hasta Katowice. Desde ahí, Mark pudo tomar un tranvía hacia Sosnowiec. Apenas se bajó del tranvía, corrió a buscar a mi amiga Różka Borenstein, que a veces se quedaba con nosotras, y ella lo llevó de inmediato a nuestro departamento, donde Mirusia había sido la primera en recibirlo.

La salida de Polonia

Todo pasó muy rápido. Desde que Mark regresó a nuestro lado, no soltó la determinación de dejar Polonia lo más pronto posible. Era como si el suelo bajo sus pies estuviera en llamas. Quizá las heridas de sus pérdidas eran demasiado profundas; él, al igual que como habían sido sus padres, prefería no hablar de su dolor.

Supusimos que muchos judíos que habían sobrevivido a los campos estaban tratando de volver a sus hogares en sus países de origen o de reunirse en otros sitios con los parientes que también habían logrado vivir. En Polonia, quienes regresaban permanecían sólo lo suficiente para descubrir si alguien más de su familia había sobrevivido, y luego se dirigían al oeste, hacia Alemania. Con tantas pérdidas, con tan terribles recuerdos y con el todavía marcado antisemitismo de algunos grupos de polacos, fueron pocos los judíos que pudieron reestablecerse en sus lugares de origen. Casi ninguna familia había quedado intacta y muy pocas eran tan afortunadas como la nuestra.

Rápidamente acordamos que lo mejor sería comenzar de cero en otro país, con la esperanza de un mejor futuro, y nos esforzamos por hacer los contactos indispensables para salir de Polonia rumbo a Alemania. Otros sobrevivientes nos contaban que, si lográbamos llegar a la parte de Alemania entonces ocupada por el ejército estadounidense, habría más oportunidades de ir desde ahí hacia Palestina o al continente americano. Teníamos parientes en ambos lugares y guardábamos la esperanza de restablecer comunicación con ellos.

No tardamos en tomar la decisión y nos llevó apenas una semana saldar el pago del departamento. Conseguimos los documentos necesarios para salir hacia Alemania por Checoslovaquia. Cuando llegamos a Praga, sin embargo, nos informaron que debíamos cumplir con un examen médico para que se nos permitiera continuar el viaje hacia el oeste. No era algo que esperáramos y nos puso tensos a los tres. Nos preocupaba no estar lo suficientemente sanos para pasar un examen médico. Además, nos enfrentamos a otros desafíos más pequeños, aunque igual de imprevistos. Habíamos dado por hecho que, como la lengua checa es similar a la polaca, podríamos arreglárnoslas sin ayuda, pero en la realidad incluso las señalizaciones de las puertas de los baños públicos nos causaban intriga (¿cuál era el de los hombres y cuál el de las mujeres?). El baño de los hombres tenía la palabra *Pani*, la cual se ve igual que la palabra polaca para mujer o dama y, aunque fue sólo por un momento, nos sentimos presos de la confusión.

Cuando por fin nos presentamos en la oficina del médico para el examen, estábamos nerviosos, preocupados de si en verdad consideraría que estábamos lo suficientemente sanos. Lo primero que hizo el doctor fue revisar nuestros documentos. Luego le preguntó a Mark si provenía de *Elsaß-Lothringen*, que era el nombre alemán para Alsacia-Lorena; quizá hizo esa inferencia por la forma en que Mark hacía el sonido de la «r». En cualquier caso, tras una examinación breve, nos dijo que también él era de Alsacia y, con una sonrisa, aquel doctor por cuyo examen nos habíamos preocupado tanto abrió el camino para nuestro viaje hacia el oeste.

Todos los trenes que vimos parecían llenos de refugiados. Cientos de miles de personas que se habían quedado sin casa por la guerra, de pronto se encontraron desplazadas cuando, una vez finalizada ésta, las fronteras se movieron y hubo que trasladar poblaciones enteras de este a oeste o de norte a sur.

Hicimos dos intentos de cruzar solos la frontera checa hacia Alemania. Y en ambos nos enviaron de vuelta. Al final, terminamos en una ciudad checa liberada por el ejército estadounidense. En ese lugar, nos encontramos con muchos refugiados alemanes que esperaban regresar a Alemania para volver a sus hogares. El campo de tránsito estaba bajo la supervisión del gobierno checo, y justo al día siguiente nos mandaron a la estación de tren. El lugar estaba repleto debido al sobreflujo de refugiados, a quienes se les llamaba «desplazados». Algunos, como nosotros, eran judíos que habían sobrevivido al régimen nazi y estaban llenos de esperanza de iniciar una nueva vida en alguna parte, lejos de Europa.

Personas que aparecen en estas memorias

Dora Rembiszewska, luego **Dora Reym**, nacida Estera Doba Pacht en Wyszków el 15 de enero de 1915 y fallecida el 20 de octubre de 2015 en Estados Unidos.

Mark (Moniek/Mojzesz) Hirsz Rembiszewski, luego **Mark Reym**, esposo de Dora, nacido en Będzin el 30 de octubre de 1912 y fallecido el 9 de febrero de 1996 en Estados Unidos.

Mira (Miriam-Rachela), luego **Mira Reym Binford**, nacida con el apellido Rembiszewska en Będzin, en abril de 1938, hija de Dora y Mark.

FAMILIA DE DORA*

Chana Pacht Blumenkranc, madre de Dora, nació con el apellido Orner en Nasielsk en 1892, y fue asesinada el 4 de agosto de 1943, a la edad de cincuenta y un años, en Auschwitz.

Abram (Avrum Shayo) Pacht, padre de Dora, nació en 1890 y falleció en 1915, a la edad de veinticinco años, en Wyszków.

Abram (Avrum) Blumenkranc, padre adoptivo de Dora, nació en 1883 y falleció el 14 de diciembre de 1936, a la edad de cincuenta y tres años, en Będzin.

---

* Éstos son solamente los nombres y los destinos de los parientes inmediatos de Dora, Mark y Mira, que hasta ahora hemos podido rastrear. El cálculo de miembros de la familia asesinados por los alemanes es de al menos cuarenta y seis.

Regina Blumenkranc, hermana de Dora, nació en Będzin en 1919 y fue asesinada en octubre de 1943, la edad de veinticuatro años, en Auschwitz.

Jakub Blumenkranc, hermano de Dora, nació en Będzin en 1921 y fue asesinado el 3 de agosto de 1943, a la edad de veintidós años, durante la liquidación del gueto de Będzin.

Izak (Itzchak) Blumenkranc, hermano de Dora, nació en Będzin en 1923 y fue asesinado en agosto de 1942, a la edad de diecinueve años, en el campo de concentración de Buchenwald.

Mania Blumenkranc, hermana de Dora, nació en Będzin en 1925 y fue asesinada en 1943, a la edad de dieciocho años, en Auschwitz.

Emil (Emanuel) Blumenkranc, hermano menor de Dora, nació en Będzin en 1927 y fue asesinado en 1943, a la edad de dieciséis años, en Auschwitz.

Luba Goldberg, tía materna de Dora, nació con el apellido Orner en Nasielsk en 1894; tanto ella como su esposo Hirsz Dawid y su hijo Jankuś fueron asesinados en 1942 en Auschwitz.

Jadzia (Jochewet), tía materna de Dora, nació con el apellido Orner en Nasielsk en 1896; emigró a Palestina antes de la guerra.

FAMILIA DE MARK

Berek (Berish) Rembiszewski, padre de Mark, nació en Kielce en 1875 y fue asesinado en 1942, a la edad de sesenta y siete años, en Auschwitz.

Cesia (Cywia Gitl Najberg) Rembiszewska, madre de Mark, nació en Będzin en 1880 y fue asesinada en 1942, a la edad de sesenta y dos años, en Auschwitz.

Dawid-Chaim Rembiszewski, hermano de Mark, nació en Będzin en 1900 y fue asesinado el 19 de enero de 1945, a la edad de cuarenta y cinco años, en el campo de concentración de Görlitz.

Szlamek (Szloimo) Rembiszewski, hermano de Mark, nació en Będzin en 1904 y falleció en 1926, a la edad de veintidós años, a causa de un accidente de tractor en Kwar-Saba, Palestina.

Abram (Avrum/Vrumek) Rembiszewski, hermano de Mark, nació en Będzin el 13 de diciembre de 1907 y falleció en 1934, a la edad de veintiséis años, en un accidente de tren en Varsovia.

Różka (Rózia) Rembiszewska, hermana de Mark, nació en Będzin en 1921 y fue asesinada el 13 de enero de 1944 a la edad de veintidós años, en Auschwitz.

RESCATADORES

La familia Dyrda: en 1987, a los primeros tres miembros de la familia se les otorgó la Medalla de los Justos entre las Naciones, un reconocimiento otorgado a rescatadores documentados por el Centro de Conmemoración del Holocausto del Estado de Israel Yad Vashem, en Jerusalén.

Maria Dyrda, nació Madejska en 1901 y falleció el 4 de diciembre de 1943 en Sosnowiec, a los cuarenta y dos años. Maria y su hermana Klara Zroska fueron las dos mujeres que rescataron a Mira el 8 de agosto de 1943.

Paweł Dyrda, esposo de Maria, nació en 1900 y falleció el 10 de noviembre de 1955, en Pokój, Opole. Tras la muerte de su esposa, Paweł siguió refugiando a Mira por más de trece meses y fue, durante ese tiempo, el único adulto en su vida, mientras ambos padres permanecían escondidos.

Paweł Dyrda hijo (Paul/Paulek), nació el 11 de febrero de 1929 y falleció el 15 de octubre de 1987, a la edad de cincuenta y ocho años, en Millingen, Rheinberg, Alemania.

Urszula Dyrda Uwarzow, hija de Maria y Paweł, nació en 1931 y falleció el 31 de marzo de 1973, a la edad de cuarenta y dos años.

Marta Copek y su madre: en Poręba, Pszczyna, provincia de Silesia, ocultaron a Dora y a su amiga Rachela de la persecución de las SS durante el escape de la marcha de evacuación y les ofrecieron refugio, comida y calidez.

Rózia Taus: al pedirle a Dora el favor de comprobar si su bebé estaba bien cuando ella no podía hacerlo, esta joven madre puso en marcha, sin saberlo, una serie de arriesgadas acciones que hicieron posible el escape de Mira del campo de concentración. Rózia nació el 13 de enero de 1917 y fue asesinada en Auschwitz en septiembre de 1943. Su bebé sobrevivió: pasó tres años bajo el cuidado de **Klara Zroska** y, más tarde, en Estados Unidos, se convirtió en Lucy Taus Katz.

Ehrlich, Finder, Krzesiwo, Potok y los hermanos Zaks: amigos de Dora y Mark, así como compañeros de cautiverio en el campo de trabajos forzados de Małobądz, hicieron posible el escape de Mira del campo. Algunos de ellos distrajeron a los guardias, otros la escondieron a ella y a sus padres de la vista en su camino hacia la barda, y **Tischler**, el hombre alto que alzó a Mira y la pasó por encima de la barda, le permitió escapar de una muerte segura. Ellos, junto con Rózia Taus, se cuentan entre los muchos judíos anónimos que desempeñaron un papel en la supervivencia de Dora, Mark y Mira.

Padre Mieczysław Zawadzki: cuando los alemanes incendiaron la sinagoga principal de Będzin el 9 de septiembre de 1939, el sacerdote abrió las puertas del jardín de la casa parroquial para permitir el paso de los judíos que huían del incendio. Recibió la Medalla de los Justos entre las Naciones en 2007.

Alfred (Fred) Rossner, nació en Oelsnitz, Alemania, en 1906 y falleció en Sosnowiec el 1 de enero de 1944, a la edad de treinta y siete años. En su juventud, participó en grupos de esperanto para trabajadores y de socialdemocracia, y nunca formó parte del partido nazi. Llegó a Będzin en 1940 por sugerencia de su empleador judío, que había sido expulsado de Alemania en 1938 y se había establecido ahí. Rossner fue administrador de lo que se convirtió en una fábrica con tres sedes que producía uniformes para el ejército alemán. En su momento de mayor actividad, estas fábricas empleaban entre siete y doce mil trabajadores judíos. Aunque el superior inmediato de Rossner eran las SS, se sabía que tenía una especial simpatía por la comunidad judía. Durante las redadas, mucha gente halló refugio en sus fábricas, pues trataba de proteger a sus trabajadores de la deportación a Auschwitz. Además, ayudó a otros a escapar de Polonia con documentos falsos y dio apoyo financiero a los movimientos judíos clandestinos. Atesoraba su posición como persona de importancia en Będzin y vivía de acuerdo con ella. En diciembre de 1943, cuando la Gestapo lo arrestó, se descubrieron entre sus pertenencias muchos objetos de valor, entre ellos noventa relojes de oro. No se ha encontrado ninguna documentación sobre su arresto, pero parece que tanto su ayuda a los judíos como la forma en que se había enriquecido provocaron la ira de las SS que, después de todo, eran sus superiores, a pesar de que estas últimas también se habían enriquecido gracias a sus empresas. A un mes de su arresto, fue ejecutado por ahorcamiento. En 1995, el Centro Yad Vashem reconoció a Rossner como uno de los Justos entre las Naciones.

Breve línea del tiempo

30 de enero de 1933

Adolf Hitler es nombrado canciller de Alemania.

Agosto de 1939

Alemania y la Unión Soviética, naciones enemigas, firman el pacto que pavimenta el camino para la invasión de Polonia.

1 de septiembre de 1939

Alemania invade Polonia. El día 17 de ese mes, la Unión Soviética también invade Polonia, por lo que el país se divide entre dos invasores. Obligados por un tratado internacional a defender las fronteras polacas, Francia y el Reino Unido se involucran y comienza la Segunda Guerra Mundial.

9 de septiembre de 1939

Los invasores alemanes incendian simultáneamente las casas y las sinagogas de Będzin y otras poblaciones cercanas, todavía con judíos dentro. Un sacerdote de Będzin da refugio a algunos de los judíos que logran escapar.

Octubre de 1939

El *Reich* alemán anexa las provincias occidentales de Polonia, incluida Będzin.

23 de noviembre de 1939

Se ordena a los judíos de la Polonia ocupada por Alemania llevar una estrella de David de seis puntas en su ropa.

20 de marzo de 1940

Se construye un campo de concentración a treinta y cuatro kilómetros de Będzin, en la localidad de Oświęcim, ahora conocida como «Auschwitz» en alemán.

15 de noviembre de 1940

Se acordona el gueto de Varsovia y se confina a medio millón de judíos en un área de dos kilómetros cuadrados, con siete personas por habitación y raciones de comida de ciento ochenta y un calorías al día, provistas por las autoridades alemanas.

22 de junio de 1941

Alemania invade la Unión Soviética; se revela que el Pacto Ribbentrop-Mólotov de no agresión era sólo una maniobra táctica.

20 de enero de 1942

En la Conferencia de Wannsee se discute la implementación de la «solución final de la cuestión judía».

Marzo de 1942

Comienza el asesinato en masa de judíos en las cámaras de gas de Auschwitz.

12 de agosto de 1942

Cerca de cinco mil de los treinta mil judíos de Będzin son deportados a Auschwitz.

19 de abril de 1943

Se inicia el levantamiento del gueto de Varsovia; los judíos que operaban clandestinamente combaten a los nazis hasta principios de junio.

Junio de 1943

Heinrich Himmler ordena la liquidación de todos los guetos de Polonia y la Unión Soviética.

Verano de 1943

Ocurren levantamientos en los guetos de Będzin, Białystok, Częstochowa, Lvov y Tarnow.

1 de agosto de 1943, domingo a medianoche

Comienza la liquidación final de los guetos de Będzin-Sosnowiec y de la región de Zagłębie.

18 de agosto de 1943

Dora y su marido, Mark, sacan a Mira de un campo de concentración en Będzin por encima de un muro; la recibe una desconocida, Maria Dyrda.

18 de enero de 1944

Dora es deportada a Auschwitz; Mark, a Buchenwald.

Julio de 1944

Los últimos cincuenta judíos que quedaban en Będzin, designados para desmantelar las fábricas de Rossner y preparar su envío a Alemania, son deportados al campo de trabajos forzados de Annaberg.

7 de octubre de 1944

Los miembros del *Sonderkommando* de Auschwitz hacen explotar el Crematorio 4; fallecen varios guardias.

Entre el 5 y 6 de enero de 1945

Cuatro jóvenes judías mueren ahorcadas por haber robado de sus puestos de trabajo en la fábrica de munición Union la pólvora utilizada para la rebelión.

18 de enero de 1945

Comienzan las evacuaciones de Auschwitz; se envía a los prisioneros a Alemania en lo que se convierte en las marchas de la muerte.

28 de enero de 1945

El ejército soviético libera el área de Sosnowiec-Będzin.

6 a 10 de abril de 1945

Entre los prisioneros de la marcha de la muerte del campo de Buchenwald está Mark, esposo de Dora.

7 de mayo de 1945

El *Reich* alemán firma la rendición.